AI와 영상 콘텐츠

AI문고

인공지능 시대입니다. 기계가 인간의 인지를 대신하고, 사물이 인간을 통하지 않고 다른 사물과 직접 커뮤니케이션합니다. 이에 따른 인간 삶과 문명 변화를 정확히 이해 · 예측 · 대응하는 것은 이 시대 우리 모두의 과제입니다. AI문고는 인공지능 기술과 환경의 여러 주제를 10가지 키워드로 정리합니다. 관련 개념과 이론, 학계와 산업계의 쟁점, 우리 일상의 변화를 다룹니다. 인간과 기술의 현재, 미래를 세심히 분석합니다.

일러두기

- 인명, 작품명, 저서명, 개념어 등은 한글과 함께 괄호 안에 해당 국가의 원어를 병기했습니다.
- 외래어 표기는 현행 어문규정의 외래어표기법을 따랐습니다. 다만 '딥러닝', '딥마인드', '딥페이크' 등은 관행을 따랐습니다.

처음이세요?

전문가세요?

AI와 영상 콘텐츠

김희경

대한민국, 서울, 커뮤니케이션북스, 2025

AI와 영상 콘텐츠

지은이 김희경
펴낸이 박영률

초판 1쇄 펴낸날 2025년 2월 17일

커뮤니케이션북스(주)
출판 등록 2007년 8월 17일 제313-2007-000166호
02880 서울시 성북구 성북로 5-11
전화(02) 7474 001, 팩스(02) 736 5047
commbooks@commbooks.com
www.commbooks.com

ISBN 979-11-7307-483-7 03500

책값은 뒤표지에 표시되어 있습니다.

차례

AI가 바꾸는 영상 콘텐츠의 오늘, 그리고 미래

"강인공지능(Strong AI)이 우리를 풍요의 피라미드 꼭대기로 쏘아 올려 줄 것이다."

인류를 위한 다양한 기술 개발을 목적으로 설립된 비영리 재단 엑스프라이즈(X PRIZE)의 설립자 피터 디아만디스(Peter Diamandis)는 이같이 말했다(Diamandis, 2022). 강인공지능은 '약인공지능(Weak AI)'보다 한 단계 나아간 개념으로, 인간의 특정 지시만을 수행하는 AI를 뛰어넘어 더욱 다양한 기능을 갖춘 AI를 의미한다. 〈그녀(Her)〉(2014) 등 공상과학 영화에서 자주 볼 수 있었던 형태의 AI로, 인간의 인지 능력과 지적 능력에 못지않은 뛰어난 역량을 갖추고 여러 역할을 복합적으로 수행할 수 있다. 아직은 과학과 상상의 영역에 존재하는 개념이지만, 언젠가는 강인공지능이 출연하고 새로운 세상이 펼쳐질 것으로 전망된다.

이에 따라 발생하게 될 다양한 현상에 대해 우려도 나오고 있지만, 분명한 점은 디아만디스의 얘기처럼 AI 기술 자체가 막강한 파급 효과를 불러일으킬 것이라는 점이다. 구글(Google)의 최고경영자(CEO) 순다르 피차이(Sundar Pichai)는 "AI는 인류가 작업하고 있는 가장 영향력 큰 것 중 하나"라며 "나는 AI가 전기나 불보다 더 엄청난 것으로 생각한다"라고 강조하기도 했다(Parker, 2018). 특히 AI는 인간이 하던 수많은 작업 중 대부분을 수행할 수 있게 되면서, 인간의 일상은 물론 각 산업계의 패러다임 자체를 바꿀 것으로 보인다. 기존의 산업 혁명, 정보 혁명 등과는 비교도 할 수 없을 만큼 생산성과 효율성이 폭발적으로 증가할 수 있기 때문이다. 그리하여 디아만디스의 전망처럼 언젠가는 AI 기술 발전으로 인간이 풍요의 피라미드 꼭대기에 오르게 될지도 모른다.

이에 따라 AI 개발 경쟁은 갈수록 심화하고 있다. 오픈에이아이(OpenAI)의 챗지피티(ChatGPT)를 중심으로 생성형 AI가 발전되고 확산하기 시작하면서, 국내외 주요 기업들은 AI 개발에 박차를 가하고 있다. 그 경쟁에서 우위를 차지하기 위한 치열한 생존 게임이 벌어지고 있음을 보여 준 대표적인 사례도 있다. 구글이 3조 원이 넘는 돈을 지불하고 이미 퇴사한 AI 개발자를 다시 불러들인 것이다. 2024년 9월 구글은 'AI 천재'라 불리는 개발자 노엄 샤지르(Noam Shazeer)를 다시 데려오기 위해 27억 달러(약 3조5800억 원)를 투입했다(Kruppa & Thomas, 2024). 샤지르가 퇴사 이후 새로 세운 AI 스타트업 캐릭터닷에이아이(Character.AI)에 해당 금액에 투자를 단행한 것인데, 투자 직후 샤지르는 구글 부사장으로 재입사를 했다. 표면적으로는 구글이 캐릭터닷에이아이의 기술 라이선스를 획득하기 위해 돈을 쓴 것처럼 보인다. 하지만 실은 AI 개발이 갈수록 중요해지고 있는 만큼, 퇴사자임에도 뛰어난 개발자 재영입에 거액을 쏟아부은 것으로 알려졌다.

AI 업계의 새로운 격전지, 영상

뜨거운 AI 개발 경쟁은 여러 분야와 산업군에 걸쳐 나타나고 있다. 그중에서도 오픈에이아이, 구글, 마이크로소프트 등 다양한 글로벌 기업들이 앞다퉈 개발하고 있는 분야로는 '영상'이 꼽힌다. 미국 경제 매체 CNBC는 2024년 2월 오픈에이아이의 영상 생성형 AI인 '소라(Sora)'의 베타 버전 출시 소식을 보도하며 "챗봇과 이미지 생성이 소비자와 산업계에 확산하고 있는 현재, 비디오는 생성형 AI의 다음 개척지가 될 것"이라고 내다봤다(Field, 2024).

영상 생성형 AI는 아이디어가 담긴 지시어, 즉 프롬프트(prompt)를 넣으면 자동으로 영상을 만들어 주는 AI

프로그램을 의미한다. 이 같은 영상 생성형 AI는 '멀티모달(Multimodal)' AI의 유형에 해당하기도 한다. 멀티모달은 다중을 의미하는 멀티(Multi)와 감각적 양상을 의미하는 모달리티(Modality)의 합성어다. AI 업계에선 텍스트, 이미지, 소리, 영상 등 여러 종류의 데이터를 다각적으로 연결하여 결과를 도출하는 AI를 지칭하는 용어로 사용되고 있다. 따라서 영상 생성형 AI를 사용할 때 텍스트뿐만 아니라 이미지 등 다양한 자료를 활용해 영상 제작에 반영할 수 있다. 이에 따라 연출하고 싶은 장면의 분위기, 질감 등 말로는 구체적으로 다 설명하기 힘든 것까지도 AI가 파악하고 보다 풍부하고 완성도 높은 영상 결과물을 도출할 수 있다.

영상에 적용된 기술 수준도 단순히 기존 작품들을 흉내 내는 정도에 그치지 않는다. 다양한 촬영 기법 등이 적용되어 정교하고 섬세한 느낌을 준다. 이러다 어느 순간엔 인간이 직접 창작한 작품과 AI의 작품을 쉽게 구별하지 못할 수 있는 수준에 이를 것이란 예측도 나온다.

실제 CNBC의 전망과 같이 여러 국내외 기업이 다양한 영상 생성형 AI를 쏟아내기 시작하며 영상 콘텐츠 시장엔 대대적인 변화가 일어나고 있다. 영상과 관련된 고도의 지식과 기술, 경험을 갖춘 전문가가 아니더라도 누구나 영상 생성형 AI를 통해 콘텐츠를 만들 수 있게 됐기 때문이다. 견고하고 높은 문화·예술 창작의 장벽을 무너뜨렸다는 점에서 '창작의 민주화'라 할 수 있다.

그동안 영상 콘텐츠 시장은 다양한 변화를 겪어 왔다. 특히 유튜브(Youtube), 넷플릭스(Netflix) 등 새로운 영상 플랫폼의 등장으로 전 세계 영상 시장은 급속히 하나로 이어졌다. 이 가운데 큰 변화 중 하나는 유튜브의 등장으로 일반인이 영상을 만드는 주체로 등장했다는 점이다. 하지만 이 또한 많은 시간과 비용을 투입해 영상 제작을 해야 하고 얼굴 노출을 해야 하는 경우가 많다 보니 일정한 장벽이 존재했다. 그런데 영상 생성형 AI로 콘텐츠를 만드는 일은 이 부담 요인들마저 말끔히 해소한다. 이뿐만 아니라 제작비, 인건비 등이 거의 들지 않고 제작과 편집 시간까지 대폭 줄어들어, 비용과 시간의 부담도 크게 완화되고 있다. 따라서 AI의 발전으로 영상 제작 주체는 대대적으로 확장될 전망이다.

이 같은 장점은 재능 부족, 비용 문제 등으로 창작의 꿈을 접어 두었던 일반인들의 새로운 창작욕을 한껏 끌어올릴 것으로 보인다. 어도비(Adobe) 행사에서 나온 얘기는 이를 잘 암시한다. 어도비는 2024년 10월 미국 마이애미에서 '어도비 맥스(Adobe Max) 2024'를 열고 영상 생성형 AI '어도비 파이어플라이 비디오 모델(Adobe Firefly Video Model)'을 선보였다. 그리고 해당 프로그램을 공개하기 전, 행사장 대형 스크린에 이 같은 문장을 띄웠다. "세상에서 가장 후회할 사람들은 창작의 욕구와 영감을 갖고 있으면서도, 아무 시간과 노력을 들이지 않는 자들이다." 이 얘기는 퓰리처상 수상자였던 미국의 시인 메리 올리버(Mary Oliver)가 했던 말이다. 해당 문장엔 영상 생성형 AI로 많은 이들의 잠든 창작욕을 깨우겠다는 어도비의 포부가 담겼다. 당시 행사에 참석했던 1만여 명의 참석자들은 이 문장이 나오자 큰 환호와 박수를 보냈다.

이에 따라 AI 시장에 신규 창작자들이 다수 유입되면서 영화, 방송, 광고, 뮤직비디오, 온라인 콘텐츠 등 다양한 장르에 걸쳐 AI 영상 공급은 무한대로 늘어날 전망이다. 따라서 영상 콘텐츠 시장은 큰 성장을 이룰 것으로 보인다.

새로운 창작의 시대가 열린다

기존 영상 전문가에게도 AI 활용 능력은 갈수록 중요해지고 있다. 우주 등 실제 촬영으로는 구현하기 어려운 배경과 장면을 특수 효과(VFX)뿐만 아니라, AI를 통해 보다 실감 나게 표현할 수 있기 때문이다. 장면과 장면 사이의 공백이 생기면 새로운 장면을 추가할 수 있고, 흐름이 부자연스러우면 매끄럽게 연결할 수도 있다. 즉, 영상 생성형 AI를 활용해 일반 영상의 완성도도 크게 높일 수 있다.

제작사 입장에서도 영상 생성형 AI를 활용해 효율성과 생산성을 높일 수 있다. AI 기술은 각 단계 전반에서 작업을 간소화할 것으로 예상된다(Singh et al., 2023). 이 과정에서 많은 시간과 비용이 절감되면서 제작 편수 자체를 크게 늘릴 수 있다. AI 영화 〈어나더(Another)〉 등을 만든 미국 출신의 감독 데이브 클라크(Dave Clark)는 2024년 7월 부천국제판타스틱영화제를 찾아 국내 매체들과 간담회를 갖고 이에 대한 큰 기대를 드러냈다. 클라크 감독은 "지난 5년간 (할리우드를) 돌이켜보면 파업도 있었고, 극장의 관객 수도 줄어드는 추세"라며 "AI라는 도구를 통해 마블 스튜디오의 〈어벤져스(Avengers)〉 같은 영화를 기존 예산의 절반으로 만들 수 있다면 모두에게 환호 받을 수 있을 것"이라고 말했다. 이에 따라 기존에 한 스튜디오에서 1년에 2～3편을 제작했다면, AI라는 도구를 활용하면 12편까지도 제작할 수 있을 것으로 보인다(조현주, 2024).

AI를 통해 새로운 영상 미학을 구현할 수 있다는 점에서도 의미가 있다. 시청자들은 AI 영상이 선사하는 '낯선 익숙함'과 마주하며 색다른 느낌을 받게 된다. 영상 생성형 AI는 기존의 수많은 콘텐츠와 이미지를 데이터로 습득한다. 그렇기에 AI가 만든 영상 콘텐츠를 보면 어느 정도의 기시감이 들게 된다. 하지만 AI 영상은 이런 익숙함을 바탕으로 하고 있음에도 이질적이고 생소한 느낌을 준다. 기존 데이터를 습득했지만, 인간의 상상력을 뛰어넘어 데이터를 완전히 새롭게 조합해 내기 때문이다. 예술과 감성의 영역, 기술과 과학의 영역을 가로질러 색다른 문법으로 콘텐츠를 생성하는 것이다. 따라서 AI 영상 콘텐츠는 기존 데이터에서 일부 요소들을 가져오는 필연성, 이를 고정관념이나 틀에 얽매이지 않고 자유롭고 돌발적으로 조합해 내는 우연성이 결합한 형태로 나타난다. "생성형 AI는 예술과 기술의 경계를 허물며 새로운 창작의 시대를 열고 있다"라고 한 미국 매체 와이어드(Wired)의 수석 편집장 케빈 켈리(Kevin Kelly)의 얘기처럼, 이전과는 한 차원 높은 창작의 시대가 열리고 있다고 할 수 있다.

물론 아직은 영상 생성형 AI로 1회당 만들 수 있는 영상의 길이가 짧은 편이다. 이를 계속 연결하고 매끄럽게 편집해 하나의 통일된 이미지와 분위기를 가진 영화로 만드는 것은 생각만큼 쉬운 일이 아니다. 영상 생성형 AI가 호흡이 긴 장편 영화나 드라마를 제작하기 위해 많이 보완해야 할 점으로 보인다. 그러나 관련 전문가들은 단기간 내에 해당 기술들이 크게 보완되어 장편 영화나 드라마까지도 원활하게 만들 수 있을 것으로 보고 있다.

영화 〈어벤져스: 엔드 게임(Avengers: Endgame)〉(2019)을 만든 조 루소(Joe Russo) 감독은 2023년 미국의 영화 전문 매체 콜라이더(Collider)와의 인터뷰에서 이를 확신하는 듯한 얘기를 했다. "AI가 실제로 영화를 만들어서 '어? 저게 AI가 만든 영화야?'라고 느낄 수 있는 날이 오려면 몇 년 정도 걸릴까요?"라는 질문에 "2년"이라고 답했다. 이 질문은 인간 감독이 연출한 장편 영화와 비슷한 수준의 장편 영화를 AI가 언제 만들 수 있을지 물어본 것이다. 이 인터뷰가 2023년에 진행됐기 때문에, 루소 감독이 예측한 시기는 2025년에 해당한다. 그는 또한 "AI가 탑재된 스트리밍 플랫폼에 '나처럼 생긴 아바타와 매릴린 먼로(Marilyn Monroe) 아바타가 주연인 로맨틱 코미디 영화를 보고 싶어'라고 말하면 AI가 매우 훌륭한 스토리를 만들어 줄 것"이라며 "당신의 목소리를 모방하고, 당신이 주연인 90분짜리 로맨틱 코미디 영화가 나오게 되는 것"이라고 강조했다(Jones, 2023).

'오펜하이머 모멘트'에 대한 불안도

언젠가 영상 생성형 AI가 인간이 만든 작품을 능가할 만큼의 콘텐츠를 생산하게 된다면, AI는 창작의 영역에서 '싱귤래리티(singularity)' 수준에 도달할 것으로 보인다. 싱귤래리티는 '특이점'을 의미하며, 양적인 팽창을 하다가 질적 성장을 이뤄 내는 순간을 의미한다. AI 분야에선 AI가 인간의 지능과 능력을 뛰어넘어 스스로 진화하는 단계에 다다른 것을 뜻하며, '기술적 특이점(technological singularity)'이라고 부르기도 한다. 만약 그 순간이 오게 되면 영상 콘텐츠 시장에선 인간이 만든 작품, AI가 만든 작품의 경계가 완전히 허물어지고 구분이 무의미해지는 현상까지 나타날 수 있다.

하지만 AI의 급속한 발전에 대한 불안과 우려도 커지고 있다. 영상 생성형 AI가 특이점에 도달하게 된다면, 오픈에이아이에서 언급한 AI 개발 과정의 5단계로 따져 봤을 때 중간 이상의 단계에 해당할 수 있다. 오픈에이아이는 2024년 7월 전체 회의를 통해 AI의 분류 체계를 만들고 공유했다(Cook, 2024). 1단계는 챗봇(Chatbot)과 같이 인간과 대화로 상호 작용을 하는 수준에 해당한다.

2단계는 일종의 추론가의 역할을 수행하는 것으로, 다양한 추론 과정을 통해 인간과 비슷한 문제 해결 능력을 갖추게 된다. 오픈에이아이는 챗지티피, 소라 등을 포함해 자사의 기술이 2단계에 도달하기 직전이라고 판단했다.

만약 영상 생성형 AI가 특이점에 도달하게 된다면, 이는 3단계 이상의 수준에 이른 것을 의미한다. 3단계는 인간을 대신해서 복잡한 작업을 하는, 즉 대행 업무를 할 수 있는 에이전트(agent)의 역할을 하게 된다. 4단계는 혁신을 제시할 수 있는 혁신가, 5단계는 하나의 AI가 조직 단위의 업무를 수행할 수 있는 조직 그 자체로 기능하게 된다. 현재까지 개발된 영상 생성형 AI는 제작할 수 있는 영상의 길이가 짧고 미세한 오류가 발생하기도 하는 만큼, 아직 3단계에 해당하는 에이전트 역할엔 도달하지 못했다. 하지만 빠른 속도의 기술 발전으로 이 부분들이 보완된다면, 순식간에 3단계부터 4단계, 5단계까지 나아갈 수 있을 것으로 보인다.

문제는 AI가 에이전트, 혁신자, 조직으로서 기능하게 되면 영상 업계에선 대규모 인력 감축이 일어날 수 있다는 점이다. 이미 AI로 영상과 관련된 여러 업무를 수행할 수 있게 되면서, 영상 업계의 채용 시장엔 변화가 나타나고 있다. 이에 대한 우려가 커지며 할리우드에선 대규모 파업이 일어나기도 했다.

이뿐만 아니다. AI 영상 기술이 발전하면서 저작권 논란, 딥페이크 문제도 불거지고 있다. 영상 생성형 AI가 창작자의 작품을 무단으로 습득한 경우, 허락 없이 타인의 얼굴을 AI 영상에 활용한 경우 등 다양한 사례가 나오면서 제도적 보완을 요구하는 목소리가 높아지고 있다. 미국의 테크 전문 매체 기즈모도(Gizmodo)는 소라에 대해 언급하며 "인상적이면서도 두려운 기술"이라며 "이 강력한 영상 생성형 AI가 영화 산업을 혼란에 빠뜨리고 유해한 결과물을 만들어 낼 것으로 보인다"라고 보도하기도 했다(Zeff, 2024).

그 기저엔 AI의 기술 발전이 인류사에 또 한 번의 '오펜하이머 모멘트(Oppenheimer moment)'로 작동할 수 있다는 불안이 깔려 있다. 미국 출신의 감독 크리스토퍼 놀런(Christopher Nolan)은 영화 〈오펜하이머(Oppenheimer)〉(2023)를 선보이며 이같이 말했다. "많은 AI 연구자가 지금, 이 순간을 '오펜하이머 모멘트'라고 부른다."

〈오펜하이머〉는 원자폭탄을 개발한 물리학자 로버트 오펜하이머(Robert Oppenheimer)의 이야기를 담고 있다. 그리고 오펜하이머 모멘트는 원자폭탄과 같은 새로운 기술이 폭발적인 위력을 발휘하고 애초 의도치 않은 파장까지 불러일으킬 가능성을 내포할 순간을 이른다. 즉, 놀라운 기술적 발전과 연구자의 윤리적 딜레마가 교차하는 지점에 해당한다. 이 같은 놀란 감독의 얘기엔 AI가 원자폭탄에 이어 인류의 두 번째 오펜하이머 모멘트를 만들어 낼 수 있다는 경고와 우려가 담겨 있다.

물론 AI 기술 발전이 어떤 결과를 낳을지, 어떤 예상치 못한 순간을 초래할지 현재로선 미처 다 알 수 없다. 하지만 그렇다고 이 거대한 흐름을 무작정 막을 수는 없을 것 같다. AI의 발전, 그중에서도 영상 생성형 AI의 발전은 이미 도래한 오늘이자 미래이기 때문이다.

역사상 단 한 번도 경험하지 못한 오늘, 상상해 보지 못한 미래가 다가오고 있는 가운데 인류는 어떤 선택을 해 나가야 할까. 영상 업계의 전문가와 관계자, 또한 AI를 통해 새롭게 창작의 세계에 진입할 사람들은 이 같은 흐름을 어떻게 받아들이고, 적극 활용하며, 대비할 것인지 다양하게 고민하고 방안을 모색해야 한다.

이 책의 구성

이 책은 쓰나미처럼 몰려들고 있는 거대한 AI의 흐름, 그중에서도 고도화된 AI 기술의 총집합체라고 할 수 있는 영상 생성형 AI의 발전을 조명한다. 그리고 이 프로그램들이 만드는 영상 콘텐츠에 대해서도 다각도로 다룬다. 특히 AI를 활용한 영상 콘텐츠 제작에 관심 있는 학생, 일반인들은 이 책을 통해 AI와 영상 콘텐츠에 대한 기본적인 이해도를 높일 수 있을 것으로 기대한다.

또한 AI 영상 콘텐츠 산업의 발전 정도를 가늠하고 다양한 기술을 효율적으로 활용할 수 있도록 안내한다. 저작권 문제, 딥페이크 논란 등도 불거지고 있는 만큼 AI 기술 발전에 따른 부작용을 최소화하면서도 영상 콘텐츠 산업의 발전을 도모하는 방안을 함께 생각해 본다.

1장에선 AI의 발전으로 급변하고 있는 영상 콘텐츠 산업 전반에 대해 다룬다. 시장에선 AI 기술의 발전으로 영상 제작 주체가 대대적으로 확장되는 등 큰 변화가 일어나고 있다. 이에 따라 해당 산업을 주도하기 위한 국내외 기업들의 경쟁도 치열해지고 있다.

2~4장에선 영상 생성형 AI가 장르별로 미치고 있는 영향과 발전 양상에 대해 살펴본다. 철저히 전문가의 영역으로만 여겨졌던 영화와 방송 분야(2장)에서도 최근 AI 기술이 적극 활용되고 있다. 한국 AI 영화가 국제 영화제에서 수상의 영예를 안는 등 다양한 성과도 나타나고 있다. 감각적인 콘셉트와 연출이 중요한 광고, 뮤직비디오 분야(3장)에서도 AI를 활용하는 사례가 다수 나

오고 있으며, 대중적으로 큰 관심을 불러일으키고 있다. 영상 시장의 성장을 이끈 온라인 콘텐츠 영역(4장)에서도 AI 영상 제작 움직임이 활발하게 일어나고 있다. AI로 쇼트폼 콘텐츠를 간단하게 만들어 수익을 창출하는 경우도 이어지고 있어 더욱 많은 크리에이터가 양산될 전망이다.

5~7장에선 소라, 런웨이(Runway), 비오(Veo) 등 주요 영상 생성형 AI를 소개하고 활용 방안을 제시한다. 글로벌 기업들은 앞다퉈 영상 생성형 AI를 개발하며 시장 공략에 나서고 있다(5장). 이 과정에서 탄생한 AI 프로그램들엔 각각 다른 특성이 있으며, 이용자들은 이를 적절히 조합해 자신만의 AI 영상 콘텐츠를 제작할 수 있다(6장). 이뿐만 아니라 기획부터 시나리오 집필, 편집까지도 AI로 진행해 효과적으로 영상을 제작할 수 있다(7장).

8~10장에선 영상 생성형 AI의 급속한 발전에 따라 발생하고 있는 저작권 논란, 딥페이크 문제, 고용 문제 등을 살펴보고 해결과 공존 방안을 모색한다. 기존 작품을 AI가 데이터로 활용해 영상을 제작한 경우 저작권 침해에 해당하지 않는지 등 이용자들이 저작권과 관련하여 주의해야 할 부분을 꼼꼼하게 살펴본다(8장). 성범죄 관련 영상까지 무단으로 양산하고 있는 등 딥페이크 문

제가 심화하고 있는 만큼, 이를 해결하기 위한 사회적 · 제도적 방안도 모색한다(9장). AI의 등장으로 인해 큰 기회가 찾아왔지만, 고용 불안 등 위기에도 직면한 영상 업계의 고민을 살펴보고 더불어 발전하는 방법도 제시한다(10장).

영상 시장이 AI 업계의 새로운 격전지가 된 만큼, 앞으로 영상 생성형 AI는 더욱 발전을 거듭할 전망이다. 그렇다면 해당 기술들은 우리를 '풍요의 피라미드 꼭대기'까지 올려다 주게 될까, 아니면 오펜하이머 모멘트가 되어 큰 충격을 안겨 주게 될까.

아직은 누구도 그 결말을 정확히 알 순 없다. 하지만 분명한 것은 개인 창작자로서 이 흐름을 활용하는 자와 활용하지 못하는 자의 승패는 명확히 갈릴 것이며, 영상 업계의 생존 여부도 AI의 적절한 활용과 공존 방안 마련에 달려 있을 것이란 점이다. 이 책이 그 길로 들어서는 안내서가 되길 바란다.

참고문헌

조현주(2024.7.4). [BIFAN 인터뷰] "판도라의 상자는 열렸다" AI가 몰고 올 영화의 미래는?. 맥스무비. https://www.maxmovie.com/news/438488

Cook, J.(2024.7.16). OpenAI's 5 levels of 'Super AI'(AGI to

Outperform human capability). Forbes.
https://www.forbes.com/sites/jodiecook/2024/07/16/openais-5-levels-of-super-ai-agi-to-outperform-human-capability/

Diamandis, P.(2022.11.20). My thoughts on AI. Diamandis.com. https://www.diamandis.com/blog/my_thoughts_on_ai

Field, H.(2024.2.16). OpenAI just revealed new software that lets you create realistic video by simply typing a descriptive sentence. CNBC.
https://www.cnbc.com/2024/02/15/after-chatgpts-viral-success-openai-is-now-getting-into-video.html?&qsearchterm=image%20video%20next%20frontier

Jones, T.(2023.4.24). Joe Russo & 'Fortnite's Donald Mustard weigh in on the future of storytelling, gaming & entertainment [Exclusive]. Collider
https://collider.com/joe-russo-donald-mustard-gaming-storytelling-fortnight-interview

Kruppa, M., & Thomas, L.(2024.9.25). Google paid $2.7 billion to bring back an AI genius who quit in frustration. Wall Street Journal.
https://www.wsj.com/tech/ai/noam-shazeer-google-ai-deal-d3605697

Parker, C.(2018.1.14). Artificial intelligence could be our saviour, according to the CEO of Google. World Economic Forum. https://www.weforum.org/agenda/2018/01/google-ceo-ai-will-be-bigger-than-electricity-or-fire/

Singh, H., et al.(2023.1). Artificial intelligence as a facilitator for film production process. *Paper presented at the 2023 International Conference on Artificial Intelligence and Smart*

Communication. AIIC.
Zeff, M.(2024.2.15). OpenAI's video generator Sora is breathtaking, yet terrifying. Gizmodo. https://gizmodo.com/openai-video-generator-sora-is-breathtaking-terrifying-1851261593

01
AI 발전과 영상 콘텐츠 산업

다양한 AI 기술의 발전으로 국내외 영상 콘텐츠 산업엔 큰 변화가 일어나고 있다. 영역별로 어떤 산업적 변화가 일어나고 있는지, 기업 등 시장의 주요 주체들은 어떻게 대응하고 있는지 살펴본다.

AI와 1인 창업?

두 번째 물결, 누구나 창작자가 된다

영상 콘텐츠 시장에서 영화, 드라마 등 상업적으로 제작되고 유통되는 작품을 만드는 주체는 한정되어 있었다. 감독, 작가 등 전문 창작자로서 활동하는 사람들이 전부였다. 이들 대부분은 영상에 대한 기본적인 관심과 일정 수준 이상의 재능을 바탕으로 영상 산업에 입문한 자들에 해당한다. 그리고 오랜 시간과 비용을 투자해 영상 관련 전문 지식과 기술을 습득하고, 마침내 완성된 영상물을 제작해 대중에게 선보인다. 이처럼 영상 콘텐츠 제작은 숙련된 전문가의 영역에 철저히 국한되어 왔다고 할 수 있다.

하지만 두 번에 걸쳐 대대적인 변화를 맞이하게 되며, 영상 콘텐츠 시장의 패러다임 자체가 바뀌고 있다. 첫 번째 물결은 유튜브(YouTube), 틱톡(Tiktok), 소셜 미디어 네트워크(SNS) 등 새로운 플랫폼의 발전에 따른 것이다. 해당 플랫폼들을 활용해 다양한 영상 콘텐츠를 쉽고 간편하게 만들고 게시하는 사람들이 생겨났다. 스스로 기획, 연출은 물론 출연까지 하는 크리에이터(creator)의 등장이다. 이들은 전문 창작자 고유의 영역을 해체하고 영상 콘텐츠 산업의 주요 주체로 자리매김했다. 크리에이터들의 등장으로 영상 콘텐츠 자체에도 변화가 생졌다. 전문가 수준의 높은 완성도를 자랑하는 고화질의 영상은 아니지만, 다양한 소재와 짧은 길이의 영상으로 대중의 눈길을 사로잡았다. 이에 따라 영상 콘텐츠 시장은 큰 성장을 이루게 되었다. 나아가 두 번째 변화는 첫 번째 변화보다 훨씬 큰 규모와 막강한 파급력으로 일어날 전망이다. AI 기술 발전에 따라 누구나 창작자가 될 수 있게 된 것이다. 기존의 크리에이터들 역시 일반인에 해당하긴 한다. 하지만 기본적으로 얼굴을 드러내거나, 취향과 재능을 표출하는 것 등에 망설임이 없는 인물들이 중심이 되어 주로 콘텐츠를 만들어 왔다.

AI 영상 제작은 이 경계마저 허문다는 점에서 더 큰 영향력을 발휘할 것으로 보인다. 자신을 드러내지 않아도, 카메라 등 영상 제작에 필요한 장비가 없어도, 심지어 아무런 영상 지식과 기술이 없어도 된다. 영상 생성형 AI를 활용하면 얼마든지 AI 영상 콘텐츠를 제작할 수 있다. 이를 위해선 머릿속에 있는 아이디어를 입력하는 '프롬프트(prompt)' 작업만 하면 된다. 자신이 만들고 싶은 영상에 대한 설명 또는 참고할 만한 이미지를 입력하면 AI로 얼마든지 쉽게 영상을 만들 수 있다.

이는 영상 산업의 규모가 기하급수적으로 커지는 핵심 요인이 될 전망이다. 애니메이션 〈라이온 킹(The Lion

King)〉(1994) 등을 만든 로버트 민코프(Robert Minkoff) 감독은 "AI는 잠재적으로 콘텐츠 제작 과정을 민주화할 것"이라며 "누구에게나 엄청나게 강력한 이 도구를 준다면 콘텐츠의 폭발, 새로운 목소리의 폭발이 일어나게 될 것"이라고 말했다(Browne, 2024).

또 눈여겨볼 점은 영상 생성형 AI로 만든 콘텐츠는 완성도 역시 높다는 점이다. 기존에 유튜브 크리에이터 등이 만든 영상의 대부분은 전문 창작자의 작품과 일정 부분 차이가 있었다. 하지만 AI를 활용하면 완성도 높은 고화질의 영화, 드라마, 광고, 뮤직비디오 등을 충분히 제작할 수 있다. 즉, 유튜브나 틱톡 등 영상 플랫폼에선 일반 크리에이터들과 전문가의 영역이 어느 정도 구분이 되어 있었지만, 영상 생성형 AI를 활용하면 일반인과 전문가의 경계가 불분명해진다. 이를 감상하는 시청자 또한 해당 AI 영상을 감독이나 작가 등 전문 창작자가 기획하고 제작했는지, 영상 콘텐츠를 창작한 경험이 없는 일반인이 만들었는지 구분하는 일이 점점 어려워질 것으로 보인다.

영상 시장의 폭발적 성장 견인

AI 기술 발전으로 영상 창작의 문턱이 크게 낮아지면서 전체 영상 시장 규모는 폭발적으로 커질 전망이다. 시장 조사 업체인 모르도르 인텔리전스(Mordor Intelligence)에 따르면 글로벌 AI 영상 시장 규모는 2024년 기준 240억9000만 달러(약 33조 원)를 기록했다. 5년 후인 2029년엔 4배 이상 증가해 1002억2000만 달러에 달할 전망이다(Mordor Intelligence, 2024). 기술의 급속한 발전으로 전 세계적에 공급되는 AI 영상 콘텐츠의 양이 기하급수적으로 늘어날 것으로 보이기 때문이다. 이는 새로운 영상 시장이 창출된다는 점에서도 의의가 있다. 기존의 영상 시장에 AI 영상 산업이 더해지며 전체 영상 시장이 양적 성장을 거듭할 것으로 보인다.

출판, 만화와 웹툰, 게임 등 여러 종류의 콘텐츠 가운데서도 영상 콘텐츠는 콘텐츠 시장에서 가장 큰 비중을 차지하고 있다. 따라서 AI 기술로 인해 영상 콘텐츠의 공급이 증대되고 시장 규모가 커지면 글로벌 콘텐츠 산업 자체가 크게 확대될 것으로 예상된다.

이는 한국에도 기회이자 위기로 작용할 것으로 전망된다. 한국 사회는 제조업 · 유통업 중심으로 성장하고 발전해 왔다. 그러다 K컬처 열풍으로 콘텐츠 산업이 또 하나의 국가 경제 중심축으로 자리하게 됐다. 나아가 AI를 활용한 영상 콘텐츠 산업이 크게 성장을 하게 된다면,

한국의 콘텐츠 시장 자체도 커질 수 있다.

하지만 제대로 대응하지 못한다면 오히려 큰 타격을 입을 수 있다. 현재 한국의 영상 콘텐츠 시장은 창작자 중심으로 형성되어 있다. 이와 달리 AI 영상 산업은 일반인까지도 대거 빨아들일 전망이다. 만약 한국 기업들이 글로벌 기업의 AI 영상 제작 기술을 따라가지 못하거나, 전 세계에서 밀려드는 AI 영상 콘텐츠 공세에 뒤처진다면 한국 콘텐츠 산업의 위기 요인이 될 수 있다. 테슬라(Tesla) 최고경영자(CEO)인 일론 머스크(Elon Musk)는 "기업들은 AI를 개발하기 위해 경주를 벌여야 하며, 그렇지 않으면 경쟁력을 잃게 될 것"이라며 "만약 경쟁자가 AI 개발을 위해 달려가고 있다면, 그들이 당신을 압도하게 될 것"이라고 경고했다(Nolan, 2023).

이처럼 앞으로 AI가 새로운 영상 시장을 창출하고 산업의 패러다임을 바꿀 것으로 전망되면서, 국내외 주요 AI 기업들은 영상 생성형 AI를 적극 개발하고 있다. AI 영상 콘텐츠 제작의 새로운 전환점이 마련된 시점은 2024년 초라고 할 수 있다. 그전까지만 해도 전 세계인들과 시장의 AI에 대한 관심은 2022년 11월 공개된 대화와 텍스트 중심의 챗지피티(ChatGPT)에 집중되어 있었다. 생성형 AI가 사람들과 상호 작용한다는 점, 일상적인 내용부터 전문적인 분야에 이르기까지 고도화된 정보와 지식을 제공한다는 점에서 큰 화제가 됐다. 이에 따라 챗지피티는 오늘날까지 유용하게 쓰이고 있으며 글로벌 AI 산업의 중심축을 이루고 있다.

영상 생성형 AI의 경우도 런웨이(Runway) 등 일부 프로그램이 이미 출시되어 있었다. 하지만 전문 창작자들의 관심을 받는 정도였다. 그러다 2024년 초부터 글로벌 주요 3사가 영상 생성형 AI 시장에 뛰어들면서 분위기가 크게 달라졌다.

대중의 관심이 영상 분야에 다다르게 된 결정적인 계기는 챗지피티 개발사 오픈에이아이(OpenAI)가 만든 영상 생성형 AI 소라(Sora)의 베타 버전이 2024년 2월 공개되며 마련됐다. 텍스트로 대화하는 방식이 중점이 됐던 AI 기술 활용이 영상 제작으로도 확장될 수 있다는 점이 알려지게 된 것이다. 이에 따라 창작자는 물론 일반인들도 영상 생성형 AI가 다수 개발되고 있으며, 그 기술력 또한 뛰어나다는 점을 알고 큰 관심을 두게 됐다. 그리고 10개월 만인 2024년 12월 소라가 정식 출시되며 전 세계에서 이용자들이 몰리고 있다.

오픈 AI의 뒤를 이어 구글(Google)도 2024년 5월 영상 생성형 AI '비오(Veo)'를 공개했다. 이어 소라가 나온

2024년 12월엔 경쟁적으로 '비오 2' 베타 버전을 출시했다. 구글은 앞서 2024년 1월에도 영상 생성형 AI '루미에르(Lumiere)'를 선보였다. 구글은 유튜브 플랫폼을 갖고 있는 만큼, AI를 통해서도 영상 부문을 대폭 강화하고 있는 모양새다.

어도비(Adobe)도 영상 생성형 AI 시장에 본격적으로 뛰어들었다. 어도비는 많은 창작자와 크리에이터들이 영상 편집 프로그램으로 활용하고 있는 '프리미어 프로(Premiere Pro)'로 영상 시장에서 중요한 위치를 점하고 있다. 어도비는 2024년 10월엔 자체 AI 모델인 파이어플라이 비디오 모델을 공개하고, 프리미어 프로에도 기능을 탑재했다.

오픈에이아이, 구글, 어도비에 앞서 나온 글로벌 영상 생성형 AI를 활용하는 이들도 많다. 그중 전문가들이 많이 활용하는 AI 프로그램은 런웨이의 '젠(Gen)' 시리즈다. 소라가 공개되기 이전부터 AI 영화, 광고 등에 관심을 가졌던 창작자들은 젠 시리즈를 활용해 작품을 만든 경우가 많다. 이 밖에도 '루마(Luma)', '피카(Pika)', '카이버(Kaiber)' 등도 창작자 사이에서 두루 활용되고 있다. 국내에서도 '비디오 스튜(Video Stew)', '브류(Vrew)' 등이 개발됐다.

물론 각 AI에 적용된 기술 발전 정도가 다른 점, 영상의 길이가 짧은 점 등 아직 보완해야 할 부분들이 많긴 하다. 하지만 다양한 영상 생성형 AI가 잇달아 공개되고 있으며, 적극적인 기술 개발과 개선이 이뤄지고 있어 긍정적이다. 이에 따라 완성도 높은 AI 영상 콘텐츠 제작이 충분히 가능할 전망이다.

참고문헌

Browne, R.(2024.9.6). Director of Disney's Lion King says AI is a 'Wild West', echoes how animation changed fil. CNBC. https://www.cnbc.com/2024/09/06/lion-king-director-rob-minkoff-interview-on-ai-in-film.html?&qsearchterm=reply%20AI

Mordor Intelligence(2024). AI 비디오 분석 시장 규모 및 점유율 분석·성장 동향 및 예측(2024~2029). Mordor Intelligence. https://www.mordorintelligence.kr/industry-reports/global-ai-video-analytics-market

Nolan, B.(2023.3.30). An open letter signed by Elon Musk and AI experts warned of an 'out-of-control' AI race with potential risks to humanity. Here are the 4 key points. Businessinsider. https://www.businessinsider.in/tech/news/an-open-letter-signed-by-elon-musk-and-ai-experts-warned-of-an-out-of-control-ai-race-with-potential-risks-to-humanity-here-are-the-4-key-points-/articleshow/99101007.cms

02
AI와 영화, 방송

단편영화 〈원 모어 펌킨〉 등 영상 생성형 AI를 활용한 영화가 잇달아 제작되고 있다. 부천국제영화제는 국내 국제 영화제 가운데 최초로 AI 영화 국제 경쟁 부문을 신설하기도 했다. 방송 시장에서도 AI 기술을 활용한 작품들이 늘어나고 있다. 다양한 콘텐츠 적용 사례를 중심으로 AI 발전에 따른 영화, 방송 시장의 변화를 다룬다.

AI와 MBTI?

'종합 예술' 영화와 AI

영화는 '종합 예술'이라 불린다. 영화는 영상을 기반으로 하면서도 음악, 미술 등 다양한 분야를 결합해 제작한다. 그렇기에 대중문화를 대표하는 장르인 동시에 뛰어난 작품성과 예술성을 담고 있는 장르로도 꼽힌다. 한 작품 안에서 여러 분야가 교차하고, 대중문화와 예술의 경계가 허물어지는 것이다. 다른 영상 콘텐츠 부문에 비해서도 창작자의 독창적인 세계관, 축적된 경험과 전문성이 전면에 부각된다. 이 같은 영화의 고유한 특성으로 인해 영화 연출에 대한 전문적 지식과 경험 없이 완성도 높은 영화를 만드는 것은 아예 불가능한 것처럼 보였다.

그런데 영상 생성형 AI를 활용해 영화를 만들 수 있게 되면서 큰 파장이 일어나고 있다. 세계 최초로 AI가 시나리오를 쓰고 연출까지 맡은 〈세이프 존(The Safe Zone)〉(2022)은 6분 길이의 단편 영화다. 챗지피티가 직접 기획과 연출 전반에 대한 것을 맡았으며, 영상 생성형 AI인 달리(Dall-E)와 미드저니(Midjourney)가 스토리보드를 만들었다. 다만 당시엔 현재 수준의 발달한 기술이 적용되지 못했기 때문에, 배우와 촬영 팀을 따로 동원해 영화를 만들었다.

국내에서 최초로 만들어진 AI 영화는 심은록 감독의

〈AI 수로부인〉이다. 이 작품은 2023년 창원국제영화제에 상영됐으며, 한국저작권위원회에도 편집 저작물로 등록됐다. 25분으로 구성됐으며, 천신과 해신으로부터 위협을 받게 된 수로부인을 신라인들이 구하게 되는 이야기를 담고 있다. 작품엔 한국 고전 이야기와 환경 오염에 대한 메시지가 결합했다. 국내 첫 AI 영화의 등장이란 점에서 학계와 전문가 집단에서 주목을 받았지만, 2023년 말까지만 해도 대중들의 영상 생성형 AI에 대한 인지도가 낮은 상태였기 때문에 파급력은 다소 약했다.

그러다 2024년 한국에서 만들어진 또 다른 AI 영화가 다수의 매체 등을 통해 알려지며 대중적인 관심을 받게 됐다. 권한슬 감독이 영상 생성형 AI를 활용해 만든 영화 〈원 모어 펌킨(One More Pumpkin)〉이다. 해당 작품은 2024년 2월 두바이에서 열린 '두바이 AI 필름 페스티벌(Dubai AI Film Festival)'에서 대상을 차지했다. 영화제엔 전 세계에서 500여 편에 달하는 작품이 출품됐는데, 그중 권 감독의 작품은 독특한 스토리라인으로 호평을 받았다.

이 작품은 3분짜리 단편 영화로, 200살 넘은 부부에게 저승사자가 찾아오는 내용을 담고 있다. 저승사자가 "이제 너희는 저승으로 갈 때가 되었다"라고 말하자, 노부인은 "갈 때 가더라도 식사는 잡숫고 가"라며 이상한 호박죽을 건넨다. 기괴하고 오싹한 분위기가 물씬 풍기는 호러 영화적 특성이 두드러진다.

〈원 모어 펌킨〉이 화제가 된 또 다른 측면은 '과정'에 있다. 이 영화의 제작 기간은 5일에 불과했다. 제작비 역시 0원이었다. 영상 생성형 AI가 모든 장면과 음성을 만들었기 때문에, 배우나 성우가 투입되지 않았다. 카메라와 녹음, 조명 등 제작 인력 역시 한 명도 없었다(송은아, 2024).

이는 일반적인 영화를 만들 때와 큰 차이가 난다. 영화 한 편을 만들기 위해선 영화감독, 음악 감독, 미술 감독 등 수많은 제작진이 함께 처절한 고뇌의 시간을 보낸다. 총제작 기간은 짧게는 수개월에서 길게는 수년에 이른다. 해당 기간 기발한 아이디어를 바탕으로 기획을 하고, 각본을 쓰며, 스토리를 탄탄하게 쌓아 올리게 된다. 이어 촬영을 하며 완벽한 미장센을 구현하려 노력한다. 그리고 작품엔 그들만의 철학과 세계관이 고스란히 투영된다. 이를 연기하는 배우 역시 표정과 몸짓에 이를 여실히 담아내려 한다.

반면, AI 영화는 〈원 모어 펌킨〉처럼 이 과정이 대부분 생략되거나 삭제된다. 특정 콘셉트와 스토리를 넣은

단 몇 줄의 프롬프트만 입력하면 영상을 뚝딱 만들어 낸다. 아무리 그 문장을 입력하는 인물의 고민이 들어가는 것이라 해도, 과정의 미학과 기반이 생략되다 보니 종합 예술이라는 특성은 일부 사라진다. 하지만 지극히 전문가의 영역에 있던 영화를 일반인으로 확대함으로써 영상 시장의 확산과 성장을 이끌 것이란 기대가 높아지고 있다. 나아가 언젠가 AI 영화가 예술성까지 갖추게 된다면, 영화의 종합 예술적 특성까지 완벽하게 회복하게 될 가능성도 있다.

이에 따라 2023~2024년을 기점으로 국내외에선 다수의 AI 영화제가 생겨나고 있다. 영상 생성형 AI 젠 시리즈를 서비스하는 글로벌 기업 런웨이는 2023년부터 미국 할리우드에서 '런웨이 AI 필름 페스티벌(Runway AI Film Festival)'을 열고 있다. 2023년엔 300여 편이 출품됐었는데, 2024년엔 1000여 편이 몰려 AI 영화에 대한 전 세계적 관심이 빠르게 증가하고 있음을 보여 줬다.

디지털 서비스 기업 리플라이(Reply) 역시 2024년부터 이탈리아에서 '리플라이 AI 필름 페스티벌(Reply AI Film Festival)'을 열었다. 해당 영화제의 출품작도 1000여 편에 달했다. 권한슬 감독이 출품했던 '두바이 AI 필름 페스티벌' 역시 2024년 처음 개최됐으며, 출품작은

500여 편을 기록했다.

국내 영화계에서도 이 같은 흐름을 적극 수용하고 있다. 부천국제영화제는 2024년 7월 국내에서 열리는 국제 영화제 가운데 최초로 AI 영화 국제 경쟁 부문인 '부천 초이스: AI 영화'를 신설했다. 부산의 영화의전당 역시 2024년 12월 '부산국제인공지능영화제'를 개최했다. 2024년 9~10월 열린 국내 대표 영화제인 '부산국제영화제'는 글로벌 마이크로소프트를 영화제에 초청했다. 마이크로소프트가 아시아 영화제에서 부스를 개설한 것은 처음이다. 이 기업은 해당 부스에서 AI 체험 라운지를 열고, AI 프로그램인 '코파일럿(Copilot)'을 시연했다. AI에 대한 대중의 관심을 반영해, 영화제를 찾은 관객과 전문가들에게 이를 적극 체험해 볼 수 있는 기회를 제공한다는 취지였다.

AI PD가 연출에 출연료 산정까지

AI 기술은 대중이 가깝게 접하는 대표적인 매체인 TV에서도 쉽게 발견할 수 있다. 일반 예능 프로그램에서 일부 장면에 미드저니와 같은 이미지 생성형 AI를 활용해 상상 속 이미지 등을 구현하는 것뿐만 아니라, AI 자체를 방송 전체 소재로 내세우는 경우도 나타나고 있다.

MBC는 AI로 만든 PD 'M파고'가 출연자를 캐스팅하고, 연출과 진행·편집까지 한 〈PD가 사라졌다〉를 2024년 2월 방영했다. AI PD가 인간 PD의 역할을 대신 수행하는 것으로, 심지어 출연자의 방송 기여도와 출연 분량에 따라 출연료를 산정하는 일까지 진행해 참신함을 더했다. 기존의 TV나 라디오 등 레거시 미디어(legacy media)들은 텍스트 형태로 서사를 구축하고 매체화해 수용자에게 제공했다. 하지만 해당 프로그램은 이 틀에서 벗어나 서사와 매체를 융합하고 실재와 가상, 생산자와 수용자의 경계를 무너뜨린다는 점에서 의의가 있다(최민근, 2024).

KBS2에선 〈김이나의 비인칭시점〉을 2024년 3월 방영했다. 진행자 김이나가 AI와 함께 이야기하는 설정으로, 의과 대학 입시 열풍부터 스토킹 살인 사건, 소극장 학전 폐관 등 다양한 주제를 다뤘다. AI가 가해자의 심리와 성향을 분석하기도 하고, 음성을 복원해 들려주기도 하는 등 여러 역할을 수행한다. AI가 인간과 공존해 함께 영상 콘텐츠의 주요 역할을 수행하는 설정을 시각화하고 알렸다는 점에서 긍정적이며, 방송에서 어떤 방식으로 AI 기술을 적극 활용할 수 있을지 하나의 방향을 제시했다고 할 수 있다. 이같이 앞으로도 시청자들은 방송을 통해 AI 기술의 발전을 시시각각 확인하고, 이에 따른 영상 콘텐츠의 변화를 체감하게 될 것으로 전망된다.

참고문헌

송은아(2024.5.24). AI가 연출하고 출연자 섭외·편집까지 … "발전 가능성 무서워" [S스토리-문화계로 뻗어간 AI]. 세계일보. https://www.segye.com/newsView/20240502516008

최민근(2024). 「어느 날 방송국에 AI PD 'M파고'가 파고들었다」. 『2024 콘텐츠산업포럼 발제자료집』. 한국콘텐츠진흥원.

03
AI와 광고, 뮤직비디오

AI 모델이 광고에 속속 등장하고 AI 뮤직비디오 〈더 하디스트 파트〉, 〈산신〉 등도 나오고 있다. 비용 절감 등 제작 효율성을 극대화할 수 있으며, 대중의 주목도도 높아 이 같은 시도는 더욱 활성화될 전망이다. 다양한 콘텐츠 적용 사례를 중심으로 AI 발전에 따른 광고, 뮤직비디오 시장의 변화를 다룬다.

AI와 난임 극복?

일상 곳곳에 침투한 AI 광고

대중이 영상 콘텐츠를 통해 AI 기술 변화를 일상에서 가장 직접적이고 자연스럽게 인지할 수 있는 분야는 '광고'다. 광고 시장에선 AI 기술이 다양한 방식으로 적용되고 있다. 생성형 AI의 기술이 진보하면서 재스퍼(Jasper), 카피닷에이아이(Copy.ai), 라이트소닉(Writesonic) 등 광고 제목이나 문구를 만들어 주는 서비스가 꾸준히 등장하고 있다(김활빈 · 박민아, 2024). AI를 활용하면 대규모 데이터 분석을 통해 고객의 니즈와 취향을 정확하게 반영할 수도 있다(안옥희, 2024). 이뿐만 아니라 광고 영상 자체를 AI로 만드는 경우도 늘어나고 있다.

국내 광고 시장에서 대중이 AI 기술 발전을 명확하게 인지하는 계기가 된 것은 2021년 '버추얼 휴먼(virtual human: 가상 인간)'이 등장했을 때였다. 광고 제작사 싸이더스스튜디오엑스는 국내 최초로 버추얼 휴먼 '로지(Rozy)'를 AI 딥러닝 기술을 활용해 만들었다. Z세대 여성을 표방해 탄생한 로지는 신한라이프 광고에 출연해 큰 화제를 낳았다. 이어 반얀트리 호텔, 쉐보레 전기차 등의 광고에 출연하기도 했다. 이처럼 AI 광고는 로지와 같은 버추얼 휴먼을 모델로 내세워 신선한 충격을 선사하는 방식으로 대중에게 다가가기 시작했다.

이를 기점으로 광고에 AI 기술을 접목하는 것에 대한 관심이 높아지며 더욱 다채로운 시도가 이뤄졌다. 최근에 나오는 AI 광고 중 다수는 인간을 중심으로 한다. 그러면서도 AI 기술을 적용한 부분에 대해선 육안으로 구분하기 힘들 정도로 기술을 절묘하게 적용했다. 2024년 나온 서울우유의 광고는 드라마 〈이상한 변호사 우영우〉 등에 출연했던 배우 박은빈을 광고 모델로 내세웠다. 이와 함께 세 명의 아역 배우가 함께 등장했는데, 세 명 모두 박은빈 배우와 닮아 '신기하다'는 반응이 많았다. 이들은 실존 배우가 아니라, AI 기술을 적용해 박은빈 배우의 유아 시절부터 중학교 시절까지 재현한 것이다. 해당 광고는 AI 기술을 이질감 없이 자연스럽게 적용했을 뿐만 아니라, 한 인물의 어린 시절부터 현재의 순간까지를 AI 기술로 연결해 선보였다. 이를 통해 AI 기술의 긍정적인 측면과 활용도를 강조했다.

광고 영상 전체에 AI 기술을 적용하는 사례도 나오고 있다. 2024년 통신사 LG유플러스는 국내 최초로 100% AI 기술로 만든 광고 영상을 제작해 TV에서 방영했다. 해당 광고는 30초 길이로, "유플러스 AI, ixi(LG유플러스의 AI 브랜드)로 제작되었습니다"라는 문구가 먼저 나온 후 시작된다. 시나리오부터 이미지, 음성까지 전부 자체

개발한 AI 기술로 만든 점을 전면에 내세운 것이다. 영상에선 내레이션이 흐르는데, 디지털 도시 이미지를 새로운 디지털 기술을 통해 일상을 바꿔 왔으며 앞으로 더 큰 도약을 할 것이라는 내용을 담고 있다.

LG유플러스에 이어 현대자동차도 2024년 AI 광고 〈영원히 달리는 자동차〉 3부작을 선보였다. 이 광고 역시 영상과 음악 등 모두 100% AI 기술로만 제작됐다. 현대자동차 연구원 등 등장인물의 이미지와 음성도 모두 AI 기술로 만들어졌다.

서울우유 광고처럼 AI 기술 일부를 접목한 광고와 달리, 100% AI 기술로만 만든 작품들은 AI 영상임을 육안으로도 충분히 인지할 수 있다. 이 같은 경우 일반 광고에 비해 이질감이 명확히 드러나긴 한다. 하지만 새로운 기술을 내세워 진보적이고 성장하는 기업의 이미지를 강조하는 효과가 크다.

해외에서도 영상 생성형 AI를 활용한 다양한 광고들이 제작되고 있다. 프랑스 패션 브랜드인 발렌시아가(Balenciaga)의 공식 광고는 아니지만, AI 영상 디자이너 데몬플라잉폭스(Demonflyingfox)가 2023년 만든 발렌시아가 AI 광고는 SNS상에서 큰 화제가 됐다. 책과 영화로 만들어져 전 세계적인 사랑을 받았던 〈해리포터

(Harry Potter)〉의 캐릭터들이 발렌시아가 옷을 입고 등장하는 모습을 담은 것이다. 총 4개 영상으로 제작된 해당 광고는 공개 후 이틀 만에 조회 수 900만 뷰를 기록했다. 캐릭터와 브랜드 이미지를 매끄럽게 연결했으며, 영화 속 캐릭터들의 목소리를 활용한 AI 음성을 더해 현실감을 높였다는 평가를 받았다.

한 편의 일반 광고를 만들기 위해선 큰 비용이 소요된다. 특히 광고 효과가 큰 유명 모델을 캐스팅할 경우 비용이 많이 늘어나게 된다. 이와 달리 AI 기술을 적용해 광고를 만들면 촬영 등에 필요한 제작비 부담을 낮출 수 있을 뿐만 아니라 모델 캐스팅 비용도 크게 줄일 수 있다. 그러면서도 차별화된 시도라는 점을 부각해 대중의 시선을 쉽게 사로잡을 수 있다. 광고 시장은 대중의 즉각적인 반응과 관심이 중요하게 작용하는 시장이다. 따라서 앞으로도 영상 생성형 AI는 광고 시장에서 다양한 방식으로 활용될 전망이다.

감각과 속도의 미학, AI 뮤직비디오

뮤직비디오는 여러 영상 콘텐츠 가운데서도 감각적인 요소가 두드러지는 장르에 해당한다. 해당 노래나 아티스트만의 고유한 분위기를 효과적으로 살려야 하며, 나아가 장점을 극대화해야 한다. 최신 영상 트렌드에도 부합해야 하며, 세련미도 갖추고 있어야 한다. 기능적으로는 음악의 리듬과 박자, 속도에 맞춰 카메라 앵글을 전환하는 등 정교한 기술도 요구된다. 따라서 영상 생성형 AI를 활용해 만들 수 있는 여러 영상 콘텐츠 가운데서도 뮤직비디오는 비교적 어려운 분야에 해당한다고 할 수 있다. 기술 발전에도 AI가 뮤직비디오 전체에 접목된 경우를 쉽게 찾아보기 어려웠던 이유다.

그런데 2024년을 기점으로 AI 뮤직비디오가 활발히 제작되기 시작했다. 일반 뮤직비디오와 충분히 비교할 수 있을 만큼 작품의 수준도 높아져, AI 기술 활용에 대한 관심이 높아지고 있다.

2024년 미국의 싱어송라이터인 워시드 아웃(Washed Out)이 발표한 〈더 하디스트 파트(The Hardest Part)〉 AI 뮤직비디오가 대표적이다. 이 뮤직비디오는 영상 생성형 AI 소라로 만든 4분짜리 영상이다. 소라가 생성한 700개의 클립 중 55개를 어도비 프리미어에서 연결해 만들었다. 영상은 한 여성의 고등학교 시절부터 성인이 될 때까지의 로맨스를 담았다. 결혼식부터 육아, 죽음 등 다양한 이미지가 파노라마처럼 펼쳐지며 몽환적인 느낌을 선사한다. 이 작품을 연출한 폴 트릴로(Paul Trillo)

감독은 일반 뮤직비디오처럼 현실의 이미지를 나열하는 것에 그치지 않고, AI 뮤직비디오임을 내세우기 위해 초현실적인 분위기로 작품을 연출했다.

〈더 하디스트 파트〉의 또 다른 특징은 카메라 워크(camera work)다. 카메라로 촬영하진 않았지만, 실제 카메라가 공간을 빠른 속도로 이동하며 움직이고 있는 듯한 착시 효과를 불러일으킨다. 음악에 맞춘 자연스러운 앵글 전환으로 뮤직비디오 특성도 부각한다.

국내 최초의 AI 뮤직비디오는 영상 제작 스튜디오 디에이프 스쿼드(The Ape Squad)가 만든 DJ코마로봇의 뮤직비디오 〈산신(山神)〉이다. 2024년 나온 이 영상은 2분짜리 분량으로 가사가 없는 음악에 맞춰 전개된다. 신령과 호랑이 등이 나오는 영화적인 상황을 연출됐으며 신비롭고 기묘한 분위기를 담았다.

버추얼 휴먼을 활용한 AI 뮤직비디오도 나오고 있다. 국내 기획사 SM엔터테인먼트는 2024년 버추얼 아티스트 '나이비스(naevis)'를 선보였다. 나이비스 자체가 AI 기술을 활용해 제작된 버추얼 휴먼이기 때문에, 나이비스의 음악 〈Done〉의 뮤직비디오 역시 AI 기술로 제작됐다. 나이비스 캐릭터를 인간과 최대한 유사하게 표현하기 위해 자연스러운 춤 동작 등을 부각하고, 세계관을 나타내기 위한 다양한 특수 효과를 담았다.

앞으로도 국내 대형 기획사에선 버추얼 아티스트를 만들고, 이를 기반으로 AI 뮤직비디오를 활발히 제작할 것으로 보인다. 나아가 다른 산업군과의 협업도 적극 이뤄질 전망이다. SM엔터테인먼트는 LG유플러스의 생성형 AI '익시젠(ixi-GEN)'을 활용해 나이비스의 뮤직비디오와 쇼츠(Shorts) 등을 제작하기로 했다. 영상 생성형 AI가 음악 산업에 적극 활용될 것임을 보여 주는 사례이자, 이를 위해 다양한 방식의 합종연횡이 이뤄지고 대규모 자본이 투입될 것임을 암시하는 사례에 해당한다.

AI 광고, AI 뮤직비디오 제작은 더 이상 감각과 감성이 인간만의 고유한 영역이 아님을 보여 준다. 이제 AI는 얼마든지 이를 따라 할 수 있으며, 나아가 이색적이고 참신한 감각과 감성까지 표현할 수 있다. 따라서 트렌드에 민감하게 반응하는 광고 · 뮤직비디오 시장에선 AI 기술에 더욱 큰 관심을 기울일 것으로 보인다.

참고문헌

김활빈·박민아(2024). 생성형 AI 기술이 바꾸는 광고PR의 현재와 미래: 전문가 인터뷰를 통해 본 시사점. ≪광고연구≫, 140, 118-148.

안옥희(2024.9). "영상·카피·음악, 척하면 척" … 광고계도 AI 시대.

≪한경BUSINESS≫, 1501, 38-39.

04
AI와 온라인 콘텐츠

쇼트폼 콘텐츠가 유튜브, SNS를 타고 활발히 생성되고 확산하고 있는 가운데, 많은 크리에이터들이 AI 기술을 활용해 쇼트폼 콘텐츠를 만들기 시작했다. 다양한 쇼트폼 콘텐츠 적용 사례를 중심으로 AI 발전에 따른 온라인 콘텐츠 시장의 변화를 다룬다.

AI와 사주?

영상의 새로운 확장, AI 쇼트폼 콘텐츠

콘텐츠의 생산 및 공급 주체가 대대적으로 확장되는 결정적인 계기는 유튜브, 틱톡 등 온라인 영상 플랫폼의 등장으로 마련됐다. 기존엔 영상 전문가들이 중심이었지만, 일반인 크리에이터들이 온라인 콘텐츠를 만들어 해당 플랫폼에 올리면서 영상 콘텐츠 시장은 영역과 규모 면에서 크게 성장했다. 게다가 페이스북, 인스타그램과 같은 SNS에서도 영상을 만들어 올릴 수 있게 되면서 영상 콘텐츠 공급량은 더욱 많이 늘어났다.

하지만 온라인 콘텐츠를 만들려면 여전히 일정한 장벽이 존재한다. 얼굴 등 신원을 밝히고 싶어 하지 않거나, 크리에이터로서의 재능과 끼가 부족하다고 생각하거나, 시간과 비용의 부담을 느끼는 사람들은 온라인 콘텐츠 제작을 꺼리게 된다.

영상 생성형 AI를 활용한 온라인 콘텐츠는 이 장벽마저 무너뜨린다는 점에서 의의가 있다. 얼굴을 노출하지 않고, 촬영 장비 없이도 쉽고 간편하게 영상을 만들 수 있기 때문이다. 이에 따라 더욱 많은 신규 크리에이터들이 온라인 영상 플랫폼에 유입될 것으로 보인다.

그중에서도 1분 이내에 해당하는 짧은 길이의 쇼트폼 콘텐츠를 영상 생성형 AI로 만드는 경우가 늘어날 전망이다. 아직은 영상 생성형 AI를 활용해 단번에 긴 영상을 만들긴 어렵다. 이에 따라 영화나 드라마 등을 만들려면 여러 짧은 영상을 오랜 시간 편집해서 연결하는 작업이 필요하다. 반면, 온라인용 쇼트폼 콘텐츠는 AI 영상 편집을 아예 하지 않고 올릴 수 있다. 또는 세부 프롬프트 작성으로 생성된 이미지를 부분 수정(fine tuning)해 가며 실제 활용 가능한 이미지를 제작할 수 있다(조동희 외, 2024). 따라서 편의성과 효율성 측면에서 보면, 쇼트폼 콘텐츠는 AI를 활용할 요인이 많은 장르에 해당한다고 할 수 있다.

AI 온라인 콘텐츠는 이 시장에 신규 진입하는 크리에이터뿐만 아니라 기존의 크리에이터 역시 적극 활용하고 있다. 새로운 장르의 콘텐츠로 분위기를 전환할 수 있으며, 일반적인 영상만으로는 미처 구현하기 힘들었던 장면 연출도 가능하기 때문이다. AI 영상과 일반 영상을 연결해 편집하면 더 풍성한 온라인 콘텐츠 제작도 가능하다는 점에서 활용 빈도가 높다.

AI도 '60초 전쟁' 중

기존의 크리에이터와 예비 크리에이터들이 AI 온라인 콘텐츠에 동시다발적으로 많은 관심을 두게 되면서, 새로운 온라인 콘텐츠 시장을 차지하기 위한 프로그램 개발 경쟁도 치열해지고 있다. 특히 AI로 쇼트폼 콘텐츠를 쉽게 만들어 활용할 수 있게 하기 위한 다양한 장치를 마련해 선보이고 있다.

전 세계 크리에이터들이 가장 많이 활용하고 있는 영상 플랫폼 유튜브도 마찬가지다. 구글의 영상 생성형 AI 비오를 유튜브의 쇼트폼 콘텐츠 서비스인 쇼츠에 통합해 운영하기로 했다. 기존의 '드림 스크린(Dream Screen)' 기능과 합치는 방식이다. 드림 스크린은 쇼츠 배경 제작을 돕는 AI 도구다. 비오와 드림 스크린 기능이 합쳐지면서, 비오에 명령어만 입력하면 쇼츠의 배경 제작뿐만 아니라 하나의 쇼츠 자체가 완성된다. 이용자는 이를 편집 없이도 그대로 게시할 수 있다. 플랫폼과 영상 생성형 AI가 직접적으로 통합되고 활용될 수 있다는 점에서 효율적이다.

쇼츠의 기능적인 측면도 크게 향상될 것으로 보인다. 2024년 9월 유튜브 측은 이 같은 내용을 발표하면서 "북튜버가 책 속의 한 장면에 들어가 있거나, 패션 디자이너가 공유하고 싶은 재밌는 디자인 콘셉트를 보여 주는 것을 상상해 보라"라고 제안했다.

다만 유튜브는 비오를 통해 6초 분량의 쇼츠만 제작할

수 있게 했다는 점에서 길이의 제약이 큰 편이다. 일반 쇼츠가 1분, 즉 60초 이내인 것을 감안하면 6초 쇼츠는 영상을 보는 입장에선 지나치게 짧게 느껴질 수 있다. 이에 대해 유튜브 최고제품책임자(CPO)인 요하나 불리치(Johanna Voolich)는 "20초 분량 영상을 매우 잘 만들긴 어렵지만 6초 분량 정도는 정말 잘 만들 수 있다"라며 "잘 만든 영상을 통해 이용자들이 더 나은 경험을 하는 것이 더 낫다고 판단했다"라고 밝혔다(어환희, 2024). 따라서 유튜브에서 비오를 활용해 쇼츠를 올리는 크리에이터는 하나의 쇼츠 자체로 게시하는 것보다 배경이나 영상의 일부로 활용하는 경우가 많을 것으로 보인다. 하지만 비오에 이어 베타 버전으로 일부 사용자에게만 공개된 비오 2의 영상 길이는 최대 2분인 것으로 알려졌다. 향후 비오 2가 정식 출시되면 길이 문제는 대폭 보완될 전망이다.

쇼트폼 콘텐츠 열풍을 만들어 낸 영상 플랫폼 틱톡 역시 AI를 적극 도입하고 있다. 틱톡의 모회사인 바이트댄스(Bytedance)는 영상 생성형 AI인 '지멩(Jimeng)'을 2024년 출시했다. 지멩은 중국에서 먼저 서비스되고 있으며, 이후엔 틱톡의 동영상 편집 프로그램인 캡컷(Capcut)에도 지멩을 탑재해 전 세계에서 이용할 수 있도록 할 전망이다. 캡컷 역시 AI 기술을 기반으로 한다. 캡컷은 틱톡뿐만 아니라 유튜브, 인스타그램 등에 올라가는 다양한 쇼트폼 콘텐츠 편집에 자주 활용되고 있다. 따라서 캡컷에 지멩이 탑재되면 AI를 활용한 쇼트폼 콘텐츠 제작과 편집 도구가 하나로 통합되며 시너지를 내고, 많은 크리에이터들이 활용할 전망이다.

틱톡뿐만 아니라 중국의 기업들은 AI를 활용한 쇼트폼 콘텐츠 제작 기술 개발에 적극적으로 나서고 있다. 특히 오픈에이아이의 소라가 나온 이후 AI 영상 콘텐츠 개발의 중요성을 크게 자각하고, 잇달아 AI 제작 프로그램을 공개하고 있다. 그중 쇼트폼 콘텐츠는 중국을 비롯한 글로벌 시장에서 많은 사람들의 즉각적인 반응을 끌어낼 수 있고, 크리에이터들을 더욱 쉽게 모을 수 있어 관련 프로그램을 공격적으로 개발하고 있다.

틱톡의 중국 버전인 더우인(Douyin)과 경쟁 관계에 있는 플랫폼 콰이쇼우(Kuaishou)가 대표적이다. 콰이쇼우는 2024년 영상 생성형 AI '클링(Kling)'을 공개했다. 클링은 최대 2분 분량으로 영상을 제작할 수 있다. 클링을 활용해 만든 AI 단편 드라마 〈산해기경〉의 조회 수는 4만 뷰에 달하기도 했다.

쇼트폼 콘텐츠는 SNS 통해서도 활발히 게시되고 있는

만큼, SNS 관련 기업들도 AI 제작 기술을 적극 개발하고 있다. 페이스북, 인스타그램 등을 운영하고 있는 메타는 2024년 10월 '무비 젠(Movie Gen)'을 공개했다. 무비 젠에선 텍스트로 명령을 입력하면 16초 길이의 영상을 생성할 수 있으며, 배경음악이나 효과음도 추가할 수 있다. 영상 속 인물의 의상이나 배경, 주변 사물 등 세부 요소를 쉽게 바꿀 수 있도록 했다. 메타가 공개한 시연 영상에선 황무지를 달리는 사람의 의상이 무비 젠을 통해 다른 옷으로 변경됐다.

메타는 앞서 2023년 명령어나 이미지를 넣으면 4초 분량의 애니메이션으로 제작해 주는 '에뮤 비디오(Emu Video)'를 선보였다. 이 프로그램과 함께 AI 편집 도구인 '에뮤 에디트(Emu Edit)'도 공개했는데, AI로 제작된 영상을 전문가 수준의 편집 기술이 없더라도 간단하고 쉽게 편집할 수 있게 했다. 즉, 메타는 에뮤 비디오와 에뮤 에디트를 통해 AI를 활용한 쇼트폼 콘텐츠를 SNS에 올릴 수 있도록 한 것이다. 다른 제작과 편집 프로그램을 이용할 경우 AI 콘텐츠를 만든 후 페이스북이나 인스타그램에 따로 올려야 하는 것과 달리, 메타의 프로그램을 이용하면 곧바로 해당 SNS에 올릴 수 있다는 장점이 있다. 메타는 2025년까지 이를 포함해 자사가 운영하는 모든 플랫폼에 영상 생성형 AI를 전면 도입한다는 방침이다.

온라인 콘텐츠는 이제 전 세계 사람들 일상의 상당 부분을 차지하고 있다고 해도 과언이 아니다. 특히 쇼트폼 콘텐츠는 잠들기 전까지도 스마트폰으로 보는 이들이 많다. 따라서 AI 기술을 가진 기업들이 앞으로도 가장 눈여겨보고 집중적으로 공략할 격전지이자 최전선이 될 전망이다.

참고문헌

어환희(2024.9.24). [팩플] 몇 마디면 6초 쇼츠 뚝딱 … 유튜브, 내년초 생성AI 비오 도입. 중앙일보. https://www.joongang.co.kr/article/25279728

조동희 외(2024). 숏폼 콘텐츠 크리에이터를 위한 생성형 AI 기반 차세대 숏폼 제작 플랫폼. ≪디지털콘텐츠학회논문지≫, 25(7), 1701-1713.

05
주요 영상 생성형 AI의 발전 양상

영상 생성형 AI가 잇달아 개발되며 치열한 경쟁 구도가 형성되고 있다. 주요 프로그램으로는 오픈 AI의 '소라', 구글의 '비오', 런웨이의 '젠' 등이 있다. 이를 비롯해 다양한 영상 생성형 AI의 발전 양상을 살펴본다.

AI와 아이돌?

글로벌 3사의 AI 영상 공세

영상 생성형 AI 산업이 성장을 거듭하기 위해선 고도화된 기술 개발이 지속해서 이뤄져야 한다. 영화, 드라마, 광고 등을 AI 기술로 구현했을 때 인간이 실제 연출한 것과 구분하기 어려울 만큼 뛰어날수록, 출연하는 AI 배우도 인간과 거의 비슷하게 보일 만큼 동질성이 확보될수록 AI 영상 콘텐츠 시장은 크게 성장할 수 있다. 영상 생성형 AI를 개발하는 국내외 기업들의 주요 목표도 여기에 있다. AI 영상 콘텐츠와 인간 창작물의 간극을 좁히는 것은 물론, 나아가 간극을 없애는 것이다.

그중 대규모 투자를 통해 영상 생성형 AI 개발에 적극 나선 글로벌 3사 오픈에이아이, 구글, 어도비의 역할이 부각되고 있다. 해당 프로그램들의 개발 수준과 정도에 따라, AI 영상 콘텐츠를 만들려는 창작자와 작품을 즐기려는 관객이나 이용자의 수가 크게 달라질 전망이다.

기존 영상 생성형 AI 가운데 가장 활용도가 높은 프로그램으로는 런웨이의 젠 시리즈가 꼽힌다. 많은 전문가가 젠을 활용해 AI 영상을 만들거나 일반 영상의 완성도를 높이는 데 활용했다. 하지만 대중적으로는 인지도가 낮은 편이라 자주 활용되지는 않았다.

그러다 오픈에이아이의 소라 베타 버전이 2024년 2월 공개되면서 영상 생성형 AI에 대한 관심이 커졌다. 이어 2024년 12월 소라가 공개되자, 순식간에 많은 이용자가 몰리며 서버가 다운되기로 했었다. 기존 프로그램을 뛰어넘는 수준의 AI 영상이 언론 등을 통해 공개되며 시장에서 큰 관심을 불러일으킨 것이다. 〈원 모어 펌킨〉의 권한슬 감독은 베타 버전만 공개됐을 당시에도 인터뷰를 통해 "이전에는 영상 쪽은 아예 관심이 없었다. 그런데 소라 이후 사람들의 인식이 바뀌었다. 비디오 시장의 경쟁이 치열해지면서 퀄리티가 상당히 올라갔다"라고 말하기도 했다(전혜진, 2024).

소라는 챗지피티 유료 가입자만 사용할 수 있다. 요금제는 두 가지다. '프로(Pro)' 요금제를 사용하면 매달 200달러에 최대 20초의 영상을 만들 수 있다. 최대 500개의 영상을 생성할 수 있고, 최대 1080p 해상도의 20초짜리 영상을 동시에 5개까지 생성할 수 있다. 워터마크 없이 다운로드도 가능하다. '플러스(Plus)' 요금제를 사용하면 매달 20달러에 5초짜리 영상을 만들 수 있다. 해상도 720p이며 최대 50개까지 생성할 수 있다.

소라는 시각 데이터를 '패치'라는 작은 단위로 나누어 처리한다. 이 과정에서 패치에 있는 노이즈를 자체적으로 제거하기 때문에, AI 영상 배경도 깨끗하고 선명하게 나온다.

소라는 다른 프로그램에 비해 다양한 기능을 갖추고 있다. '스토리보드(Storyboard)' 기능을 사용하면 단일 프롬프트가 아니라 최대 3개의 프롬프트를 입력해 각각의 장면을 설명할 수 있다. 사용자가 개별적으로 각 장면을 이어 붙이는 게 아니라, 소라가 자동으로 장면을 연결해 주기 때문에 훨씬 자연스럽고 완성도가 높다. '리컷(Re-cut)' 기능은 영상의 특정 구간을 선택한 후, 해당 부분만 길이를 늘여 추가 생성할 수 있다. '리믹스(Remix)' 기능을 활용하면 기존 영상을 다양한 스타일로 변환할 수 있다. '블렌드(Blend)'는 두 개의 영상을 합성해 새로운 장면을 연출할 수 있는 기능이며, '반복(Loop)'은 특정 구간을 반복 생성할 수 있는 기능이다.

챗지피티와 소라를 함께 활용하면 효과적이다. 소라를 사용하기 전에 입력할 프롬프트를 먼저 작성한 다음, 챗지피티에 소라 특성에 맞게 프롬프트를 수정해 달라고 요청하면 된다. 영상을 풍성하게 만들기 위해 소라의 어떤 기능을 활용하면 좋을지 물어보고, 이를 적용해도 좋다. 소라의 '갤러리(Gallery)'에 가면 다른 사용자들이 제작한 작품도 볼 수 있다. 해당 영상을 만들었을 때 입력한 프롬프트도 확인할 수 있어서 프롬프트 작성 팁을

교환할 수 있다.

소라의 대항마로 꼽히고 있는 구글의 비오 2는 다른 프로그램에 비해 활용도가 높을 것으로 예상된다. 2024년 12월 일부 사용자에게만 공개된 비오 2의 베타 버전은 소라에 비해서도 영상의 길이가 훨씬 길고 해상도도 높다. 비오 2는 최대 2분, 4K 해상도 영상을 만들어 준다. 즉, 지금까지 나온 AI 프로그램 중 가장 고화질과 긴 길이의 영상을 제작하는 것이다. 특히 빛과 물 등 AI 영상이 표현하기 어려웠던 소재를 정교하고 자연스럽게 표현해 호평을 받고 있다.

오픈에이아이가 챗지피티와 소라를 연계해 요금제를 만들었듯, 구글 역시 유튜브 프리미엄과 비오 2를 연계해 요금제를 만들 가능성이 높다. 또한 구글은 크리에이터들이 유튜브 쇼츠를 만들 때도 비오 2를 이용할 수 있도록 해 유튜브 크리에이터들이 자주 사용할 전망이다.

비오 2에 앞서 구글이 공개한 또 다른 영상 생성형 AI 루미에르를 활용할 수도 있다. 루메이르 역시 텍스트와 이미지를 입력하면 영상을 만들어 준다. 다만 비오 2에 비해 영상 자체의 완성도가 높은 편은 아니다. 대신 이미지를 다양한 방식으로 활용하는 데 유용하다는 평가를 받고 있다. 이미지를 입력하면 특정 영역을 움직이게 만드는 시네마 그래프(Cinema graph) 기능, 이미지의 가려진 부분을 채우는 인 페이팅(In painting)기능 등이 있다.

어도비는 2024년 10월 AI 모델인 파이어플라이 비디오 모델을 공개했다. 여기서 특히 주목할 점은 어도비가 다수의 창작자가 활용하고 있는 영상 편집 프로그램인 프리미어 프로에도 파이어플라이 비디오 모델을 접목했다는 점이다. 프롬프트를 입력하면 영상을 만들어 주는 방식인 점은 다른 프로그램들과 동일하다. 여기에 영상을 더 길게 만들고 장면 전환을 매끄럽게 하는 생성 확장 기능 등을 더해 프리미어 프로를 쓰는 이용자들의 편의성을 강화하는 데 초점을 맞췄다.

어도비의 행보에서 더욱 주목해야 할 부분은 타사의 영상 생성형 AI도 어도비의 플랫폼에서 쓸 수 있도록 할 방침이란 점이다. 오픈 AI를 포함해 다양한 국내외 기업의 프로그램을 프리미어 프로 등에서 사용할 수 있게 한다면, 큰 시너지가 날 수 있는 것은 물론 어도비 사용자의 폭발적 증가까지 끌어낼 수 있을 것으로 보인다.

시장 잠식 막기 위한 업그레이드 경쟁

글로벌 3사의 프로그램 외에도 기존에 창작자들이 사용하던 영상 생성형 AI의 기능도 크게 향상되고 있다. 특히 런웨이의 젠 시리즈는 아직 소라가 상용화되지 않은 상황에서 AI 영상 콘텐츠 제작에 적극 활용되고 있다. 이 시장의 기존 최강자였던 런웨이는 새롭게 등장한 소라를 강력한 경쟁자로 여기고 프로그램 개선 작업에 박차를 가하고 있다. 실제 런웨이 CEO인 크리스토발 발렌수엘라(Cristobal Valenzuela)는 소라가 자체 생성한 영상을 공개하자 SNS에 "게임 시작(Game on)"이라는 짧은 문장을 올리기도 했다.

이에 따라 런웨이는 2024년 7월 '젠-3 알파(Gen-3 Alpha)'를 선보였다. 기존 젠-2의 업그레이드 버전으로, 다양한 카메라 움직임 등을 추가해 여러 버전의 고화질 영상을 생성할 수 있도록 했다. 그리고 불과 한 달 만인 2024년 8월엔 이보다 발전된 버전인 '젠-3 알파 터보(Gen-3 Alpha Turbo)' 모델을 출시했다. 젠-3 알파보다 속도가 7배 이상 빠르고, 11초 만에 10초 길이의 영상을 생성할 수 있다. 발렌수엘라는 해당 모델을 선보이며 "이제 프롬프트를 입력하는 데 걸리는 시간보다 영상을 생성하는 데 걸리는 시간이 더 짧아졌다"라고 강조했다(AIbase, 2024).

피카랩(Pikalabs)은 치열한 경쟁 가운데서 아예 색다른 길을 모색하고 있다. 피카랩은 2024년 10월 기존의 피카 1.0을 개선한 피카 1.5 버전을 선보였다. 이 버전에선 이미지 속 대상이나 배경을 '부수기', '녹이기', '케이크처럼 만들기' 등 다양한 옵션으로 선택해 영상으로 만들 수 있다.

이같이 영상 생성형 AI를 둘러싼 글로벌 3사의 공세는 갈수록 심화하고 있으며, 이에 맞서기 위한 기존 개발 업체들의 노력도 이어지고 있다. 그 과정에서 영상 생성형 AI 시장에선 다채롭고 정교화된 기술이 개발될 전망이며, 핵심 기술들을 적용해 보려는 창작자들의 도전 심리와 창작 욕구 또한 더욱 활성화될 것으로 기대된다.

참고문헌

전혜진(2024.9.4). AI 영화는 K 무비의 미래일까?. 엘르, https://www.elle.co.kr/article/1869934

AIbase(2024.8.16). Runway releases Gen-3 Alpha Turbo: AI video generation speed increased by 7 times, costs cut in half!. AIbase, https://www.aibase.com/news/11111

06

주요 영상 생성형 AI 활용법

영상 생성형 AI는 각각 다른 기능과 장점을 갖추고 있다. 이를 적절히 활용해 영상을 만드는 법을 소개하고, 실제 어떤 식으로 활용되고 있는지 다룬다.

AI와 야구?

편리함과 정교함 내세우는 AI

영상 생성형 AI는 각각 기술의 발전 단계가 상이하고 특장점도 다르다. 따라서 창작자는 각 프로그램을 이용해 본 후, 자신의 개성과 세계관을 잘 반영할 수 있으며 기술적으로도 다채로운 시도를 해 볼 수 있는 프로그램을 선택하는 것이 좋다.

국내외에서 가장 큰 관심을 받는 소라의 경우, 다른 AI 프로그램과는 크게 차별화된 기능을 갖추고 있다. 그중 하나는 텍스트를 입력하면 곧바로 영상이 생성된다는 점이다. 소라가 나오기 전에 있었던 AI 프로그램들에선 텍스트를 프롬프트에 입력하면 이미지가 먼저 생성되고, 이미지를 기반으로 영상이 만들어졌다. 간단한 절차상의 차이일 뿐이라고 하기엔 예상보다 큰 파급력을 불러일으킬 수 있다. 이 차이로 인해 많은 것이 바뀌고, AI 영상 시장이 크게 확장될 수도 있다. 그리고 분명한 것은 더욱 직관적인 영상 생성형 AI의 등장으로 창작자가 구현하고자 하는 바를 보다 직관적이고 효율적으로 표현할 수 있다는 점이다.

소라에선 다른 프로그램들에 비해 긴 프롬프트를 입력할 수도 있다. 135개 단어에 이르는 프롬프트를 작성할 수 있어, 구체적인 내용을 담을 수 있다. 오픈AI가 공개한 영상 프롬프트엔 상세한 내용이 담겨 있다. "스타일리시한 여성이 따뜻하고 빛나는 네온과 도시 간판으로 가득한 도쿄 거리를 걷고 있다. 그녀는 검은색 가죽 재킷, 빨간색 긴 드레스, 검은색 부츠를 신고 검은색 지갑을 들고 있다. 그녀는 선글라스와 빨간 립스틱을 착용한다. 그녀는 자신감 있고 자연스럽게 걷는다. 거리는 축축하고, 반사되어 다채로운 조명의 거울 효과를 만들어 낸다. 많은 보행자가 걸어 다닌다." 해당 프롬프트엔 인물, 배경에 대한 묘사는 물론이고 인물이 갖고 있는 각종 소지품, 해당 소지품의 색깔 등까지 상세하게 담겨 있다. 또한 마치 직전에 비가 왔었던 것처럼 길바닥은 젖어 있고, 그 물로 인해 바닥에 거리의 간판 조명이 반사되는 효과까지 입력함으로써 해당 영상만의 차별화된 분위기를 만들어 냈다.

입력할 수 있는 프롬프트의 길이가 길어지면서, 영상 생성형 AI가 만들어 내는 우연적·자의적 설정에 대한 의존도 줄었다. 창작자가 상상하고 의도한 바를 보다 명확히 담아낼 수 있기 때문이다. 정확하게 세부 정보를 담아, 복잡하면서도 다층적인 의미를 담은 영상 제작까지 가능한 것이다. 따라서 소라를 이용할 땐 '영상의 해상도 1920 × 1080p, 드론이 왼쪽에서 오른쪽으로 이동하며 카메라가 움직임을 따라감'과 같은 식으로 콘셉트, 캐릭터, 배경, 해상도, 카메라 움직임 등 상세한 내용을 프롬프트로 입력할수록 프로그램을 효과적으로 활용할 수 있다.

소라는 이같이 길고 구체적인 프롬프트를 넣는 것이 가능할 뿐만 아니라, 창작자의 숨은 의도를 파악하고 맥락을 이해해 자동으로 영상을 생성하는 기술력도 갖추고 있다. 소라가 공개한 영상 가운데 우주 비행사 모습을 그린 영상엔 프롬프트에 없는 내용까지 포함되어 있다. 프롬프트는 "빨간색 울 니트 오토바이 헬멧을 쓴 30세 우주 비행사의 모험을 담은 영화 예고편, 푸른 하늘, 소금 사막, 영화 스타일, 35mm 필름으로 촬영, 선명한 색상"이었다. 그런데 이 영상에선 우주 비행사가 실제 우주선을 만지거나, 우주선 안에서 밖을 바라보는 등의 장면이 들어갔다. 이를 통해 소라가 맥락을 이해해 새로운 설정을 추가했다는 것을 알 수 있다.

빈 장면 채우고 새로운 설정 더하는 AI

비오 2가 상용화되기에 앞서 이전 버전인 비오에서도 다양한 기능을 활용할 수 있다. '타임랩스(Time Lapse: 저속 촬영)', '항공 촬영'과 같은 여러 영화 용어를 이해하기 때문에 창작자가 원하는 촬영 기법을 영상으로 쉽게 구현할 수 있다. 이미 제작된 영상에 새로운 설정이나 장면을 더할 수도 있다. 바닷가 영상을 입력한 후 '배를 추가해 달라'는 명령어를 입력하면, 바다 위에 배가 떠다니는 식이다. 미국의 IT 매체 테크크런치(Techcrunch)도 이 점을 강조해 보도했다. 테크크런치는 "새로운 기능으로 영상에 자연스러운 장면을 추가해 전체 스토리를 연결할 수 있다"며 "예를 들어 뉴욕 여행 영상의 시작 부분에 뉴욕의 스카이라인을 넣어 맥락을 추가할 수 있다"라고 설명했다(Forristal, 2024).

어도비의 파이어플라이 비디오 모델은 편집 프로그램인 프리미어 프로에 탑재된 만큼, 영상의 완성도를 높여야 할 때 적극 활용하면 좋다. 특히 이 프로그램을 이용하면 빈 장면을 매끄럽게 채워 주는 비롤(B-roll) 영상을 생성하거나, 각 장면에 새로운 요소를 추가할 수 있다. 예를 들어 농구하는 모습을 카메라에 담았는데 하필 배터리가 끊겨 슛이 들어가는 순간을 촬영하지 못했을 때 사용할 수 있다(조상록, 2024). 빈 장면을 채워 넣을 수 있을 뿐만 아니라 음성도 이어서 만들어 낼 수 있으므로, 영상의 부족한 부분을 시각적 · 청각적으로 골고루 보완하고 완성도를 높일 수 있다.

많은 창작자가 사용하는 런웨이의 젠 시리즈도 다양한 방식으로 활용할 수 있다. 런웨이에선 다양한 기능을 활용할 수 있는데, 특히 2024년 11월 젠-3 알파 터보에 적용된 새로운 기능 등을 활용할 수 있다. 소라가 프롬프트의 길이를 늘여 창작자의 의도를 더욱 상세하게 담아냈다면, 젠은 카메라 촬영 기법 등을 고도화해 창작자가 영상을 보완할 수 있도록 했다. 런웨이가 젠-3 알파 터보에 '고급 카메라 컨트롤(advanced camera control)' 기능을 도입한 것이다. 이 기능을 사용하면 카메라의 시점을 자유롭게 바꾸거나, 줌 인(zoom in)이나 줌 아웃(zoom out)과 같은 고급 기술을 영상에 적용할 수 있다. AI가 생성한 영상이 밋밋하게 느껴지거나 촬영 구도, 기법 등에서 보완해야 할 부분이 보이면 창작자가 직접 조정을 할 수 있다는 점에서 의미가 있다.

독특하거나 기괴한 이미지로 색다른 분위기를 내고 싶다면 피카를 활용하면 좋다. 피카는 하나의 이미지를 첨부하면 이미지를 독특하거나 기괴한 모습으로 변형해 영상으로 만들어 준다. 예를 들어 하늘을 날고 있는 낙하산 이미지를 넣으면, 칼을 든 손이 등장해 케이크처럼 낙하산을 자르고 낙하산이 조각조각 나눠지는 동영상이 형성된다.

각 영상 생성형 AI별로 장점이 분명한 만큼, 일정 부분 단점도 존재한다. 영상이 전개되면서 인물의 손 위치와 방향이 갑자기 바뀌어 있거나, 글자가 뒤틀리기도 하는 경우도 있다. 프로그램별로 적용된 기술의 수준이 다르기도 하고, 집중적으로 개발한 기능이 따로 있다 보니 생긴 불가피한 현상이다. 따라서 기술적 보완과 완성도 강화가 함께 이뤄져야 한다. 그리고 이 과정에서 이용자는 프로그램의 장단점을 두루 파악하고, 만들고자 하는 영상의 방향과 특색에 맞게 프로그램을 선택하는 게 좋다.

참고문헌

조상록(2024.10.20). '그림의 떡' 영상 생성 AI, 이젠 직접 맛본다 [인공지능 365]. IT 조선, https://it.chosun.com/news/articleView.html?idxno=2023092125281

Forristal, L.(2024. 9.18). YouTube Shorts to integrate Veo, Google's AI video model. Techcrunch. https://techcrunch.com/2024/09/18/youtube-shorts-to-integrate-veo-google-ai-video-model/

07
AI 영상 콘텐츠의 제작·연출과 편집

AI로 영상 콘텐츠를 만들 때 기획부터 제작, 연출, 편집에 이르기까지 어떤 식으로 진행되는지 다룬다. 이를 통해 효과적인 제작법을 소개한다.

AI와 윤동주?

아이디어 개발, 시나리오 집필도 AI로

일반적인 영상 콘텐츠를 만들기 위해선 콘셉트 기획부터 시나리오 집필, 촬영, 편집 등에 이르기까지 장기간 복잡한 과정을 거쳐 작업을 해야 한다. 하지만 AI 기술을 활용하면 전 과정에 이르기까지 투입되는 시간, 인력, 비용 등 여러 면에서 효율성을 높일 수 있다. 이를 위해 단계별로 챗지피티, 미드저니 등 다양한 생성형 AI를 활용할 수 있다.

기획 단계에선 창작자 본인의 아이디어를 기반으로 하면서도, 챗지피티의 도움을 받아 아이디어를 발전시킬 수 있다. 예를 들어 챗지피티에 "2060년 대한민국을 그린 영화 시나리오는 어떤 콘셉트로 쓰면 좋을까?"라고 질문을 하면 챗지피티가 다양한 아이디어를 제안한다. 실제 이 질문을 던졌을 때, 챗지피티는 초연결 사회와 인공지능, 기후 재난과 생존, 사이버펑크 서울(사이버 범죄와 해킹 관련), 세대 갈등, 통일 후의 미래라는 다섯 가지 아이디어를 제시했다. 그중 하나를 골라 "기후 재난과 생존에 관해 쓰고 싶은데 영화 주요 캐릭터, 스토리는 어떻게 할까?"라고 질문하면 2~3개의 기획안을 만들어준다. 챗지피티가 제시한 기획안엔 "사막의 도시"라는 식의 제목을 포함해 배경, 캐릭터, 개요, 주제 등이 담겨 있다. 캐릭터 설명엔 '강서준(30대 초반, 남성): 도시 외곽에서 태어난 저항 조직의 리더. 과거 엘리트였으나 기후 재난 속에서 모든 것을 잃고 하층민으로 전락. 자원 배분의 불공정성을 고발하며 도시 중심부로 잠입할 계획을 세운다'처럼 주요 캐릭터의 이름, 나이, 성별, 성격 등이 상세히 적혀 있다. 개요에도 총 4막으로 나눠 기-승-전-결에 해당하는 스토리를 제시한다.

즉, 챗지피티를 활용하면 아주 기본적인 수준의 아이디어만으로도 충분히 스토리 구상을 할 수 있으며, 영상 생성형 AI로 제작과 연출을 할 수 있는 시나리오 작성까지 나아갈 수 있다. 챗지피티는 해당 기획안을 기반으로 간략한 영화 시나리오를 작성하기도 한다. 〈사막의 도시〉 기획안을 바탕으로 단편 영화의 시나리오를 써 달라고 입력하자, 다음과 같은 시나리오를 제시했다.

> 장면 1-서울 외곽, 사막화된 거리(0:00~1:00)
>
> (배경음): 바람 소리와 함께 마른 땅 위를 휘젓는 먼지.
>
> (카메라): 서울의 옛 모습을 상기시키는 폐허가 된 건물들과 갈라진 대지. 서준이 천천히 걸어가며 바닥에 떨어진 빈 물통을 주워 든다.
>
> 서준: (속삭이며) 우리 미래가 이렇게 사막으로 변해 버렸군.

(플래시백): 과거의 강과 공원이 번성했던 서울의 모습이 빠르게 보인다.

서준: (내레이션) 기억 속 서울은 사라졌지만, 아직 희망은 남아 있다.

배경, 대사 등을 구체적으로 담은 것은 물론 과거 회상 장면을 넣는 플래시백(Flashback)과 같은 다양한 기법을 넣어 작품을 풍성하게 만들기 위한 시도를 하고 있음을 알 수 있다. 이같이 영상 제작 전 단계에서도 AI의 도움을 받아 보다 쉽고 편리하게 작업을 진행할 수 있다.

프롬프트 입력과 영상 편집

본격적으로 영상 생성형 AI 영상 프롬프트를 입력하는 방법엔 크게 두 가지가 있다. 첫째, 단어와 문장의 조합으로 된 텍스트를 프롬프트로 입력하는 방법인 '텍스트 투 비디오(text to video)'가 있다. 둘째, 이미지를 프롬프트로 입력하는 '이미지 투 비디오(image to video)' 방법이 있다.

우선 텍스트를 프롬프트로 입력할 경우, 자기 아이디어를 구체적으로 풀어낸 것을 영상으로 구현하게 된다는 점에서 의미가 있다. 이 과정에서 인간의 상상력과는 차원이 다른 AI의 아이디어가 가미되며 색다른 영상이 생성될 수도 있다.

텍스트를 적을 땐 영어로 입력해야 한다. 대부분의 프로그램이 영어로만 입력할 수 있으며, 영어가 아닌 다른 언어로 적으면 AI의 이해도가 떨어지기 때문에 원하는 바를 영상으로 정확하게 구현하기 어려울 수 있다. 챗지피티, 구글 번역기, 파파고 등에서 한국어를 입력해 영어로 변환하면 번역 작업을 쉽게 할 수 있다.

프롬프트를 입력할 땐 표현하고자 하는 인물이나 대상, 즉 주체를 맨 앞에 구체적으로 묘사해 줘야 한다. 따라서 프롬프트에선 첫 문장을 명확하게 써 주는 것이 가장 중요하다. 그리고 배경, 조명, 분위기 등은 뒤에 차례로 기재하면 된다. 예를 들어 런웨이에서 젠-3 알파의 홍보용으로 만든 영상의 프롬프트 중 하나를 살펴보면 이와 같다. "영화 악당의 얼굴을 극적으로 확대하면서 눈썹을 추켜세우는 장면. 조명이 바뀌면서 불길한 붉은 빛이 그의 얼굴을 비춘다. 악당의 소굴, 1980년대 스파이 영화, 시네마틱, 35mm 필름, 역동적인 움직임." 악당의 모습을 영상으로 만들어 달라는 식으로 주체를 가장 먼저 명시하고, 해당 인물의 얼굴과 표정에 대한 묘사를 이어 갔다. 그리고 조명과 분위기 등에 대한 구체적인 내용을 뒤에 추가한 것을 알 수 있다.

해당 프롬프트에서 '시네마틱', '35mm 필름'과 같은 명령어를 확인할 수 있듯, 실제 자신이 작품을 연출할 때와 동일하게 촬영 기법과 스타일을 명확하게 프롬프트에 담아내는 것이 효과적이다. 따라서 이와 관련된 용어들을 익히고 프롬프트에 입력하는 것이 좋다.

영상 생성형 AI에서 자주 활용할 수 있는 관련 용어들은 다음과 같다. '시네마틱(cinematic)'이나 '필름(film)'은 영화적 느낌을 강조하고자 할 때 사용할 수 있다. '리얼리스틱(realistic)'은 사실적인 느낌을, '다이내믹(dynamic)'은 역동적인 느낌을 부각할 때 입력하면 된다. 구체적인 카메라 움직임과 촬영 기법과 관련된 용어도 적극 활용하면 다양한 효과를 낼 수 있다. 낮은 각도의 '로우 앵글(low angle)', 높은 각도의 '하이 앵글(high angle)', 피사체와의 거리를 좁혀 피사체를 크게 담아내는 '클로즈업(close up), 일인칭 시점의 '퍼스트 퍼슨 뷰(first person view, FPV)', 손으로 카메라를 들고 촬영하는 방식의 '핸드헬드(hand held)', 저속 촬영의 '타임 랩스(time lapse)' 등이 있다(윤권수 외, 2024). 또한 인물의 행동과 배경은 분리해서 입력하는 것이 좋다. "작은 방에 50대 남성이 문을 열고 들어오는 장면. 방에 있는 나무 책장엔 오래된

책들이 가득 꽂혀 있다"라고 하는 식이다.

하지만 지나치게 많은 설명과 지시를 내리지 않고, 적절한 길이로 입력하는 것이 좋다. 소라가 구체적인 설정을 할 수 있도록 입력할 수 있는 단어 수를 대폭 늘리긴 했지만, 그 외의 프로그램들은 지나치게 긴 설명이 들어가면 소화를 잘 하지 못한다.

텍스트로 프롬프트를 입력하는 방법 외에도 이미지 프롬프트로 AI 영상을 만들 수 있다. 기존에 갖고 있던 사진 등을 이미지로 활용하는 방법도 있지만, 이미지를 만들어서 활용할 수 있다. 각 영상 생성형 AI에서 '텍스트 투 이미지(text to image)' 기능을 활용해 이미지를 먼저 생성한 후, 생성된 이미지를 영상으로 만드는 식이다. 또한 이미지 생성형 AI를 활용해 이미지를 만든 다음, 이를 영상 생성형 AI에서 프롬프트로 입력할 수 있다. 이미지 생성형 AI로는 미드저니, 달리, 스테이블 디퓨전(Stable Diffusion) 등이 있다. 텍스트를 입력해 이미지들을 만든 다음, 그중 마음에 드는 이미지를 골라 이를 기반으로 영상을 만든다는 점에서 예측 가능성이 높아지고 안정적인 영상 제작이 가능해진다.

미드저니, 달리 등에서 이미지를 만들 땐 영상 생성형 AI에서 텍스트 프롬프트를 만드는 방법과 동일한 방식으로 프롬프트를 입력하면 된다. 그리고 이미지 A가 생성되면 이를 프롬프트로 활용해 그와 비슷한 이미지 B를 또 들어내는 '이미지 투 이미지(image to image)'도 가능하다. 그중 마음에 드는 이미지를 핵심 이미지로 삼고, 영상 생성형 AI에 입력하면 해당 이미지를 기반으로 영상을 만들게 된다.

텍스트 프롬프트, 이미지 프롬프트 입력은 각각의 장점이 있다. 텍스트 프롬프트는 자기 생각을 영상에 최대한 구체적으로 반영할 수 있다는 장점이 있다. 이미지 프롬프트를 활용하면 어떤 영상이 나올지 어느 정도 예측할 수 있다. 이미지 프롬프트를 입력할 때 텍스트를 같이 입력할 수도 있어, 이를 활용하면 두 장점을 함께 취할 수 있다.

프롬프트를 입력해 AI 영상을 만들고 난 후의 작업도 중요하다. 인물의 목소리, 내레이션은 영상 생성형 AI에 있는 음성을 활용할 수 있다. 또한 일레븐랩스(Eleven labs)와 같은 오디오 생성형 AI도 따로 있어 이를 사용해도 좋다.

매끄러운 동영상 편집은 어도비의 프리미어 프로 등을 통해 할 수 있다. 영상 생성형 AI로 만들 수 있는 영상의 길이 자체가 아직은 짧기 때문에, 영상을 자연스럽게 연결하는 편집에 최대한 공을 기울이는 것이 중요하다. 쇼트폼 콘텐츠의 경우엔 브루, 캡컷과 같은 간단한 기능의 무료 영상 편집기도 활용할 수 있다.

참고문헌

윤권수 외(2024). 『생성형 인공지능으로 영화 만들기』. 스토리피아.

08

AI와 영상 콘텐츠 저작권

AI를 활용한 영상 콘텐츠 제작이 활발해지면서 저작권 논란도 함께 불거지고 있다. 주요 저작권 분쟁 사례를 다루며, 관련 쟁점을 분석한다.

AI와 한의학?

AI 영상, 저작권 보호 대상일까

영상 생성형 AI를 활용해 만든 콘텐츠가 늘어나고 대중의 관심 또한 높아지면서, 다양한 법적 논란도 일어나고 있다. 그중 대표적인 문제가 저작권 논란이다. AI가 만든 영상 콘텐츠는 저작권 보호를 받을 수 있을까? AI가 다른 사람이 만든 콘텐츠를 참고하고 활용해서 영상을 생성했다면, 저작권 침해에 해당할까?

여러 사안을 둘러싸고 논란과 분쟁이 일어나자, 국내에선 2023년 12월 문화체육관광부와 한국저작권위원회가 이에 대한 지침을 담은 『생성형 AI 저작권 안내서』를 발표했다. 해당 안내서엔 저작권 분쟁에 대한 법적 근거와 해석, 다양한 국내외 사례가 담겨 있다.

그중 AI 영상 콘텐츠가 저작권 보호의 대상에 해당하는지는 AI 영상을 제작하는 창작자가 가장 관심을 두는 사안 중 하나다. 그러나 우리나라를 비롯해 미국, 유럽, 일본 등 대부분 국가에선 AI 영상 콘텐츠에 대한 저작권이 인정되지 않는다.

국내 「저작권법」 제2조의 1호, 2호에 따르면 '저작물'은 인간의 사상 또는 감정을 표현한 창작물을, '저작자'는 저작물을 창작한 자를 이른다. 또한 현행 「저작권법」 해석에 따르면 '인간의 창작물'만이 저작물에 해당하기 때문에 '권리 능력을 가진 자연인 또는 법인'만이 저작자로 인정된다. 이에 따라 AI 프로그램을 활용해 만든 영상 콘텐츠는 저작권 등록을 할 수 없으며, 저작권 보호를 받을 수 없다(방송통신위원회, 2024). 만약 창작자가 스토리보드나 콘티 등을 작성한 후 AI 영상 콘텐츠를 생성할 때 활용했다면, 스토리보드와 콘티는 저작물로 인정받을 수 있으나 AI 영상 콘텐츠 자체는 인정되지 않는다. 개발자 명의로 등록 신청도 할 수 없으며, 법인 명의나 대표 명의로 업무상 저작물로 신청할 수도 없다.

따라서 A라는 사람이 만든 AI 영상 콘텐츠를 B라는 사람이 재사용을 하더라도, 저작권 위반에 해당하지 않는다. AI 이용자가 AI 산출물의 저작권 자체를 취득한 것이 아니므로 타인의 재사용을 금지할 수 있는 권리 또한 없다.

하지만 실제 현실에서 AI 영상 콘텐츠를 만드는 창작자의 다수는 AI가 만든 영상 원본 그대로를 완성작으로 삼는 경우는 드물다. 창작자의 아이디어를 가미해서 다양한 편집 과정을 거치게 된다. 이에 대해선 저작권을 일부 인정받을 수 있는 여지가 열려 있다. 『생성형 AI 저작권 안내서』는 'AI 콘텐츠에 수정, 증감 또는 편집, 배열 등의 작업을 통해 인간의 창작성이 부가된 경우 해당 부분에 대해선 저작물성 인정 가능'이라고 안내하고 있다(한국저작권위원회, 2023). 즉, AI가 만든 부분에 대해선 저작권이 인정되진 않지만, 인간의 아이디어가 들어가 수정되거나 편집 등이 이뤄지면 추가 작업을 한 부분에만 저작권을 등록할 수 있다는 뜻이다.

또한 AI 산출물 자체는 등록할 수 없더라도, 이를 선택하고 배열한 것에 창작성이 있으면 '편집 저작물'로 등록할 수 있다(한국저작권위원회, 2023). '사소한 개변' 정도에 해당하는 미약한 수준의 단순 수정만으로는 인정받기 어렵지만, 어느 정도의 창작성이 있다면 해당 부분에 대한 증빙을 통해 인정받게 될 가능성이 높다. 실제 영상 생성형 AI로 만든 영화 〈AI 수로부인〉은 편집 저작물로 인정받기도 했다.

하지만 어디까지가 AI 창작에 해당하고, 어느 부분이 인간의 창작에 해당하는지 명료하게 구분하는 것은 쉽지 않다. 따라서 AI 영상 콘텐츠를 제작할 때는 이를 구체적으로 구분해 관련 증빙 자료를 만들어 놓는 것이 중요하다. 또한 저작권을 심사하고 인정해 주는 기관 등에선 더 명확하고 정교한 검증 체계를 갖춰 나가야 하며, 혼란을 최소화해 AI 영상 콘텐츠 제작이 활성화될 수 있도록 해야 한다.

타인의 저작권 침해 유의해야

AI 영상 콘텐츠를 만들 때 가장 유의해야 할 점은 타인의 저작권을 침해하지 않아야 한다는 점이다. AI가 타인의 저작물을 학습하고 해당 내용을 영상 콘텐츠에 반영하면 법적 책임을 피할 수 없게 된다.

이는 생성형 AI 그 자체에 필연적으로 수반되는 문제점에 해당하기도 한다. 생성형 AI는 대량의 데이터를 학습하는데, 여기엔 다수의 저작물이 포함된 경우가 많다. 따라서 영상 생성형 AI를 이용하는 창작자가 전혀 의도하지 않았다 하더라도, AI 자체가 영상을 만들 때 이미 습득한 기존 저작물을 활용할 가능성이 충분히 있다. 이 같은 경우에도 저작권 침해 소지가 있으며, 침해가 인정되면 민·형사상의 책임을 부담할 수 있다. 그러므로 영상 생성형 AI 프로그램에서 텍스트나 이미지 등을 이용해 프롬프트를 입력할 때, 또한 프롬프트 입력 후 산출물이 나왔을 때 타인의 저작권을 침해할 가능성은 없는지 각별히 유의해서 꼼꼼하게 살펴보아야 한다.

저작권 침해 판단 기준은 일반 저작물의 저작권 침해 판단 기준과 동일하다. 첫째, AI 산출물이 기존 저작물을 인식하고 이에 근거해 만든 것인지(의거성), 둘째, AI 산출물과 기존 저작물이 같거나 유사하다고 볼 수 있는지(실질적 유사성)에 대한 것이다. 이 판단은 구체적인 사실 관계 등을 고려해 법원이 하게 된다. 의거성, 실질적 유사성에 해당하지 않기 위해선 특히 프롬프트에 이미 유명한 캐릭터 또는 기존 저작물의 스토리를 입력하거나 연상시키는 표현을 쓰지 않도록 유의해야 한다.

다만, 저작권자로부터 사전에 이용 허락을 받으면 저작권 침해에 해당하지 않는다. 또한 '저작 재산권 제한 사유'에 해당하는 경우엔 침해가 되지 않는다. 저작물이 창작되는 과정에선 자연스럽게 직간접적으로 사회의 도움을 받게 된다. 이 점을 고려해 권리자의 독점을 무제한 인정하는 것이 공공의 이익에 부합하지 않는다는 취지에서 저작 재산권의 제한 사유로 삼은 경우들이 있다. 학교 교육 목적 등에의 이용, 영리를 목적으로 하지 않는 공연과 방송, 공공 저작물 등이 이에 해당한다.

저작권 관련 소송들을 살펴보면, 2024년 11월 기준 국내에선 AI와 관련된 저작권 소송 판결이 확정된 사례는 없다. 하지만 미국과 중국 등에선 판결이 나왔으며 다수의 소송이 진행 중이기도 하다. 미국의 대표 판결은 〈파라다이스로의 최근 입구(A Recent Entrance to Paradise)〉 사례다. 이 작품은 스티븐 탈러(Steven Thaler)라는 인물이 자신이 개발한 이미지 생성형 AI '창작 기계(Creativity

Machine)'를 이용해 만든 영상이다. 개발자가 개입한 부분은 없으며, AI가 단독으로 창작했다. 탈러는 해당 작품을 '업무상 저작물(work made for hire)'로 등록하려 했다. 하지만 미국 법원은 인간이 창작한 작품이 아니라는 이유로, 처음부터 저작권은 존재하지 않았다고 판결했다.

AI가 단독으로 창작한 것이 아니라, 인간의 창작성이 가미된 경우엔 저작물로 인정한 판례도 있다. 중국의 베이징인터넷법원에서 나온 판결로, 이미지 생성형 AI인 스테이블 디퓨전을 이용한 사례다. 원고는 해당 AI를 사용해 이미지를 만든 후 일부 수정을 했다. 그리고 워터마크를 삽입한 후 온라인에 올렸다. 피고는 이 이미지에서 워터마크를 삭제한 후 자신의 SNS에 게시했다. 원고는 피고에 대해 저작권 침해 소송을 제기했는데, 해당 소송에서 법원은 원고의 손을 들어 줬다. 이는 원고가 저작권을 갖고 있다고 보고 침해를 인정한 것이다. 법원은 원고가 프롬프트를 입력하고 수정 등을 한 부분에 대해 창작성이 인정된다고 보고, 원고에게 저작권이 있으며 피고가 저작권을 침해했다고 판결했다.

AI 영상 콘텐츠 제작도 국내외에서 활성화되고 있는 가운데 관련 판결은 더욱 많이 나올 예정이다. AI 영상 콘텐츠를 만드는 창작자라면, 관련 소송 결과를 예의주시해서 지켜보며 저작권 침해 소지가 없는지 유의해야 한다.

참고문헌

방송통신위원회(2024.4.4). 생성형 AI가 만든 저작물 저작권은 누가 갖게 될까요?. 대한민국 정책 브리핑, https://www.korea.kr/multi/visualNewsView.do?newsId=148927815

한국저작권위원회(2023). 『생성형 AI 저작권 안내서』. 한국저작권위원회.

09

AI와 딥페이크 영상 논란

AI로 인해 딥페이크 영상도 다수 제작되며 사회적인 문제가 되고 있다. 오픈 AI가 성인용 콘텐츠 제작을 검토한다는 소식까지 전해지며 여러 논란도 일었다. AI로 만든 딥페이크 영상 사례를 통해 그 부작용에 대해 살펴본다.

AI와 화장품?

성범죄 딥페이크 영상까지 전방위 확산

AI 기술이 급속히 발전하면서 특히 많은 사회적 우려를 낳고 있는 부분이 있다. 여러 피해자를 양산할 수 있는 '딥페이크(deep fake)' 문제다. 딥페이크는 인공지능 기술을 의미하는 딥러닝(deep learning)과 '가짜'라는 뜻을 가진 페이크(fake)의 합성어로, AI 기술을 활용해 가짜 이미지나 영상을 만들어 유포하는 것을 이른다. 주로 타인의 얼굴이나 특정 부위를 합성한 뒤, 실제 해당 이미지와 영상을 찍은 것처럼 보이게 만든다. 하지만 이같이 타인의 얼굴 등을 무단으로 사용해 AI 이미지, 영상으로 만들게 되면 법적 책임을 피할 수 없게 된다.

국내외 많은 사람이 딥페이크 문제에 대해 인지하게 된 것은 유명인들의 목소리와 얼굴 등이 무단 도용당하고 있는 사실이 알려지면서부터였다. 국내에선 가수 아이유가 가수 비비의 노래 〈밤양갱〉을 부른 영상이 온라인에서 확산한 사례가 대표적이다. 이 영상은 네티즌들의 큰 관심을 얻게 됐는데, 실은 AI가 아이유의 목소리를 학습해 직접 노래를 부른 것처럼 만든 가짜 영상으로 밝혀졌다.

해외에선 오픈에이아이의 챗지피티가 할리우드 배우 스칼릿 조핸슨(Scarlett Johansson)의 목소리를 무단으로 모방했다는 의혹이 제기됐었다. 조핸슨은 영화 〈그녀(Her)〉(2014)에서 AI 목소리를 연기했었다. 그런데 그 목소리를 실제 현실에서 AI가 무단으로 똑같이 재현하며 큰 충격을 선사했다.

2024년 미국 대선을 앞두고 각종 딥페이크 영상이 만들어지며 정치판이 요동을 치기도 했다. 도널드 트럼프(Donald Trump), 카멀라 해리스(Kamala Harris) 두 후보의 딥페이크 영상이 만들어진 것은 물론 가짜 지지 영상이 유포되기도 했다. 세계적인 팝스타 테일러 스위프트(Taylor Swift)가 "당신이 트럼프를 뽑기를 바란다"라고 말하는 영상이 확산하는 식이었다. 이는 딥페이크 영상이었으며, 스위프트는 해리스를 지지하고 있었다.

이같이 생성형 AI로 타인의 얼굴이 나오는 영상 콘텐츠를 제작하고 무단 게시하면 명백한 초상권 침해에 해당한다. 이는 연예인, 유명인, 공인뿐만 아니라 모든 사람에 대해서도 동일하게 적용된다. 만약 자신의 허가 없이 촬영, 묘사, 영리적 이용이 되고 있다면 피해자는 이를 거부하고 게시 중단을 요구할 수 있다. 나아가 손해배상 청구도 할 수 있다(방송통신위원회, 2024).

하지만 이 같은 법적 조치들에도 딥페이크 문제에 대한 우려는 갈수록 커지고 있다. 성범죄와 관련된 딥페이크 이미지와 영상이 무분별하게 제작되고 유포되고 있기 때문이다. 누군가의 사진 한 장만 갖고 있으면 얼마든지 불법 음란물을 만들 수 있게 되면서, 피해가 일파만파 확산하고 있다.

국내에서도 이미 딥페이크 성범죄가 비일비재하게 일어나고 있으며, 미성년자에 해당하는 중고교 학생 피해자들까지 생겨나고 있다. 경찰청 범죄 통계 및 제출 자료에 따르면, 디지털 성범죄는 2017년 8193건에서 2023년 1만6306건으로 두 배 가량 증가했다. 그중 딥페이크 영상 제작 및 유포 등의 디지털 성범죄는 2024년 9월 기준 812건으로 전년 같은 기간 168건과 비교했을 때 약 5배로 증가했다(강채은, 2024).

해외에서도 관련 범죄가 급증하고 있다. 미국에선 요한슨, 스위프트, 엠마 왓슨(Emma Watson), 갤 가돗(Gal Gadot) 등 유명 배우와 가수의 얼굴을 실제 포르노 배우의 몸과 합성한 딥페이크 영상이 대량 제작되고 있다. 요한슨의 경우 2023~2024년 1년여 동안 수십 개의 딥페이크 영상이 제작돼 유포된 것으로 알려졌다.

심지어 챗지피티, 소라를 만들어 전 세계 AI 대표 기업이 된 오픈에이아이가 성인용 콘텐츠 제작에 나설 수 있다는 보도가 나오면서 우려가 더욱 커지기도 했다. 영국

일간지 ≪가디언(The Guardian)≫은 오픈에이아이가 자사 AI를 통해 성인용 콘텐츠 및 기타 노골적 콘텐츠를 제작할 수 있도록 허용하는 방안을 검토하고 있다고 2024년 5월 보도했다(Milmo, 2024). 해당 기사에 따르면 오픈 AI는 성인용 콘텐츠 제작을 허용하더라도 딥페이크는 금지한다는 방침이다. 하지만 생성형 AI를 통한 성인용 콘텐츠 제작이 활성화된다면, 자연스럽게 많은 딥페이크 범죄가 일어날 수 있다. 또한 이를 금지한다고 하더라도, AI가 이미 방대한 인물 데이터를 습득하고 있는 만큼 의도치 않게 딥페이크가 이뤄질 가능성이 충분히 있다. 따라서 이 같은 흐름에 대한 심도 있는 사회적 · 제도적 논의가 필요해 보인다.

'AI 생성물' 표시 반드시 하게 될까

딥페이크 문제는 갈수록 더욱 심각하고 커질 전망이다. AI 기술이 발전하면서 실제 영상과 딥페이크 영상과의 구분이 점점 더 모호해지고 있기 때문이다. 이에 따라 많은 영상 시청자가 의심하거나 진위를 판단할 생각조차 하지 못한 채, 딥페이크 영상 속 정보를 고스란히 받아들일 수 있다.

이를 방지하기 위해 각국의 정부는 딥페이크와의 전

쟁을 벌이고 있다. 각종 딥페이크 영상에 대한 법안과 규제를 마련하기 위해 나서고 있다. 특히 AI 영상임을 명시해 영상 시청자가 이를 인지할 수 있도록 하는 방안을 적극 검토하고 있다.

유럽연합(EU)은 2024년 5월 세계 최초로 「AI 규제 법안(EU AI ACT)」을 최종 승인했다. 2021년에 발의된 이후 3년 만에 완성한 것으로, 2026년부터 단계별로 시행된다. 해당 법안의 제50조에 따르면 AI 기술 제공자와 배포자는 AI 생성물임을 반드시 표시해야 한다. 이어 제50조 2항은 AI 기술 제공자는 AI 산출물임을 기계 판독 가능한(machine-readable) 형식으로 표시하고, AI로 생성 또는 조작되었다는 것을 탐지할 수 있도록 해야 한다고 명시한다. 즉, AI 영상을 만든 경우엔 AI 생성물임을 표시해 사람들이 알 수 있도록 해야 하며, 이 기술을 제공한 기업 등도 탐지 기능을 갖춰야만 한다. 만약 법을 위반하면, 경중에 따라 전 세계 매출의 1.5~7%에 해당하는 과징금을 부과할 수 있다.

미국에선 연방 차원의 법안이 아직 마련되지 않았다. 하지만 2023년 조 바이든(Joe Biden) 대통령이 행정 명령을 내렸으며, 이에 따라 딥페이크 관련 규제를 일부 진행하고 있다. 행정 명령 제3조에 따르면 딥페이크는 합성 콘텐츠에 해당하며, 정부는 합성 콘텐츠의 진위와 출처를 확인하는 방안을 마련해야 한다. 행정 명령을 내린 것에 그치지 않고, 연방 정부 차원에서 다수의 법안도 발의되어 있다. 이 법안들엔 EU처럼 AI 콘텐츠임을 표시하도록 하는 내용, 딥페이크 탐지 기술을 적용해야 한다는 내용 등이 담겨 있다.

한국에선 2025년 1월 「인공지능 발전과 신뢰 기반 조성 등에 관한 기본법」(이하 「AI 기본법」)이 공포됐다. 시행은 2026년 1월부터다. 이로써 전 세계에서 EU에 이어 두 번째로 AI 관련 일반법을 만들게 됐다. 「AI 기본법」을 통해 국내 AI 산업을 육성할 수 있는 동시에, 안전성과 신뢰성을 높일 수 있는 방안을 마련하게 됐다는 점에서 의의가 있다.

「AI 기본법」의 적용 대상이 되는 AI는 고영향 AI, 생성형 AI에 해당한다. 고영향 AI는 사람의 생명, 신체의 안전 및 기본권에 중대한 영향을 미치거나 위험을 초래할 우려가 있는 AI를 의미한다. 생성형 AI엔 글, 그림, 영상 등 다양한 결과물을 생성하는 AI가 포함된다.

해당 법안에선 특히 제31조에 해당하는 '인공지능 투명성 확보 의무'를 눈여겨봐야 한다. 이 조항에 따르면 해당 사업자는 제품 또는 서비스가 AI에 기반해 운용된다는 사실을 이용자에게 사전 고지해야 한다. 또한 생성형 AI 또는 이를 이용한 제품이나 서비스를 제공할 땐, 결과물이 AI에 의해 생성되었다는 사실을 표시해야 한다. 예를 들어 AI 영상을 만든 경우엔 AI를 활용했다는 사실을 표시해야 한다. 딥페이크에 해당하는 결과물을 만들었을 때도 AI를 활용했다는 점을 표시해야 한다.

만약 위반 사항을 발견하거나 혐의가 있으면 사실 조사가 이뤄질 수 있다. 이후 중지나 시정 명령 이행 등을 따르지 않으면, 3000만 원 이하의 과태료가 부과된다.

하지만 한편에선 AI 생성물 표시 의무 등이 활발한 AI 콘텐츠 창작을 가로막을 수 있다는 의견들도 나오고 있는 만큼 이에 대한 논란은 당분간 이어질 것으로 보인다. 따라서 딥페이크 영상으로 인한 폐해를 방지하면서도, AI 콘텐츠 산업 발전을 도모할 방안을 마련하기 위한 각국의 고민은 더욱 깊어질 전망이다.

참고문헌

강채은(2024.10.28), '딥페이크 성범죄' 작년 대비 5배 증가 … 국회도서관 'Data & Law' 발간. 법조신문. https://news.koreanbar.or.kr/news/articleView.html?idxno=31811

방송통신위원회(2024.4.4). 생성형 AI가 만든 저작물 저작권은 누가 갖게 될까요?. 대한민국 정책 브리핑.
https://www.korea.kr/multi/visualNewsView.do?newsId=148927815

Milmo, D.(2024. 5.9). OpenAI considers allowing users to create AI-generated pornography. Guardian.
https://www.theguardian.com/technology/article/2024/may/09/openai-considers-allowing-users-to-create-ai-generated-pornography

10
AI 발전에 따른 영상 콘텐츠 산업의 위기와 공존 방안

AI 기술이 발전하면서 영상 콘텐츠 산업은 기회와 동시에 위기를 맞았다. 따라서 부작용을 최소화하면서도 공존할 방안을 마련해야 한다. AI 기술을 활용해 영상 콘텐츠 산업이 나아갈 길과 공존 방안을 함께 고민하고 모색해 본다.

종교와 AI?

AI 등장에 스튜디오 설립 철회까지

오픈에이아이가 만든 영상 생성형 AI 소라의 베타 버전이 2024년 2월 공개되자 전 세계 영상 산업 관계자들은 큰 충격에 빠졌다. AI가 만든 영상의 수준이 기존 업계의 예상을 훌쩍 뛰어넘었기 때문이다. 이를 기점으로 많은 사람들이 영상 산업계의 패러다임 자체가 바뀌는 대전환의 시기가 도래할 것을 인지하게 됐다. 그리고 새롭게 맞이할 AI 시대에 대한 기대와 불안이 복잡하게 교차하고 있다.

심지어 AI의 등장과 발전에 투자 계획을 전면 철회하고 방향을 수정하는 사례까지 나왔다. 미국의 배우이자 영화 제작자인 타일러 페리(Tyler Perry)는 소라의 영상을 본 직후 대규모 제작 시설을 신축하는 계획을 중단했다. 페리는 원래 8억 달러(약 1조 원)를 투자해 애틀랜타의 133만5000제곱미터(약 40만 평) 부지에 12개의 세트와 제작 시설을 갖춘 스튜디오를 지을 예정이었다. 하지만 소라를 본 후 오프라인 스튜디오 구축에 대한 회의를 느끼고 전면 중단하게 됐다.

페리는 미국 영화 전문 매체인 ≪할리우드리포터(The Hollywood Reporter)≫와의 인터뷰에서 "소라가 나올 것이란 소식은 접했지만, 시연을 보기 전까지는 이게 뭘

할 수 있는지 전혀 몰랐다"라며 "나에게는 충격적인 장면이었다. 이 때문에 그 모든 것을 보류하고 말았다"라고 말했다. 그러면서도 새로운 기회와 위기가 함께 찾아올 것이라 예상했다. 우선 AI 기술의 도움을 받으면 현장 촬영이나 세트 제작을 할 필요가 없어질 수도 있어 사업가로서 기회가 있다고 봤다. 페리는 "산속에 있는 집 거실에서 두 사람이 있는 장면을 원하면 따로 세트를 만들 필요가 없다. 내 사무실에서 컴퓨터로 간단히 작업할 수 있다"라고 설명했다. 하지만 동시에 큰 위기감을 드러냈다. 페리는 "소라의 기술을 보면서 영화 산업 전반에 걸쳐 영향을 받게 될 사람들, 예를 들어 배우, 조명팀, 운송팀, 음향팀, 편집팀 등의 모든 사람이 생각났다"라고 했다. 또한 "이 기술로 인해 업계에 종사하는 모든 사람이 영향을 받을 것"이라며 "규제가 마련되지 않는다면, 우리는 생존할 수 없을 것 같다"라고 우려했다(Kilkenny, 2024).

결국 AI 영상 콘텐츠와 관련된 불안은 영상 산업의 고용 문제와 직결된다. 누구나 AI를 활용해 영상을 만들 수 있다는 점에선 긍정적이다. 하지만 이미 고도의 숙련된 영상 기술과 지식을 습득했으며 다양한 경험까지 갖춘 기존의 영상 전문가와 산업 종사자들에겐 큰 위협으로 작용할 수 있다.

특히 제작사 규모가 작을수록 많은 인력 감축을 진행할 수 있다. 영세한 소규모 제작사의 입장에선 영상 생성형 AI 기술 발전으로 이전에는 예산 한계로 엄두도 못 냈던 장면들을 시도해 볼 수 있으며(권택경, 2024), 인건비에 대한 부담을 덜 수도 있다. 이에 따라 기획, 시나리오 집필, 촬영 등 작품 제작의 전 과정에 걸쳐 AI 기술을 곳곳에 활용하고, 원래 이를 담당하는 인력들을 해고하거나 채용을 최소화할 수 있다. 제작사 입장에선 큰 비용을 절감하고 생산성을 높일 수 있다는 점에서 긍정적이다. 하지만 다수의 일자리가 사라질 수 있다는 점에서 영상 업계 사람들의 불안은 갈수록 커지고 있다.

영상 AI와 창작자, 동반자가 되려면

2023년 5~9월 진행됐던 1만1500여 명의 미국 할리우드 작가와 배우들의 대규모 파업은 영상 업계에 확산하고 있는 불안과 우려를 잘 드러낸 상징적인 사건이다. 해당 파업은 미국작가조합(WGA), 미국 배우·방송인노동조합(SAGAFTRA)이 함께 진행한 것으로, 양대 노조가 같이 파업을 한 것은 63년 만이었다. 이 파업은 할리우드 역사상 두 번째로 길게 진행됐으며, 50억 달러(약 6조

9000억 원)에 달하는 경제적 손실을 초래한 것으로 나타났다.

파업의 주요 원인은 AI였다. 작가들은 자신의 창작물이 무분별하게 AI 학습 훈련에 쓰이고 있다며 거세게 항의했다. 또한 AI가 만든 대본 초안을 작가들에게 수정하라고 지시하는 일이 비일비재하게 이뤄지고 있다는 사실에 반발했다. 배우들은 배우의 얼굴 등을 학습한 AI가 배우의 초상권을 침해하고 악용하고 있음을 우려했다.

이들은 대대적인 파업의 성과로 2023년 11월에 영화 제작사 등과 합의안을 도출했다. 합의안엔 AI를 활용한 시나리오 집필, 배우의 얼굴을 무단으로 사용하는 디지털 복제본 제작과 사용을 제한한다는 내용이 담겼다. 하지만 이 같은 합의안에도 여전히 많은 할리우드 제작사들이 AI를 활용해 다양한 시도를 하는 것으로 알려져 있다. 또한 앞으로 영상 생성형 AI가 만들어 낼 거대하고 폭발적인 영향력을 감안하면, 어렵게 체결한 합의안의 의미가 퇴색될 가능성도 높다.

만약 이 같은 일이 발생하게 되면, 1811~1817년 영국에서 일어난 '러다이트(Luddite) 운동'을 뛰어넘는 움직임이 일어날 수도 있다. 러다이트 운동은 방직기가 개발되면서 직물 공장에서 일하던 노동자의 일거리가 급격히 사라질 것이란 우려가 심화하며 일어난 기계 파괴 운동이다. AI 기술은 이보다 더욱 막강한 파급력을 보여 줄 것으로 예상되는 만큼, 러다이트 운동보다도 훨씬 큰 저항이 일어날 수 있다.

할리우드 파업뿐만 아니라 그 전조 현상은 다양한 방식으로 나타나고 있다. 2024년 10월엔 1만 명이 넘는 전 세계 예술인들이 자신의 창작물이 AI의 학습 데이터로 활용되는 것을 반대하는 성명서에 참여했다. 해당 성명은 AI 기업들에 맞서고 창작자를 지원하는 비영리 단체 '페얼리 트레인드(Fairly Trained)'의 대표인 에드 뉴턴 렉스(Ed Newton Rex)가 주도한 것으로 알려졌다. 성명서엔 "생성형 AI의 학습을 위해 창의적 작품들을 무단 사용하는 것은 해당 창작자들의 생계에 대한 중대하고 부당한 위협이며 결코 허용되어서는 안 된다"라고 짧게 명시됐다. 여기엔 줄리안 무어(Julianne Moore), 케빈 베이컨(Kevin Bacon) 등 할리우드 배우들이 대거 참여했으며 미국배우노조, 유럽작가위원회 등의 단체들도 동참했다. 2017년 노벨 문학상 수상자인 일본계 영국인 소설가 가즈오 이시구로(Kazuo Ishiguro), 미국 소설가 제임스 패터슨(James Patterson) 등도 이름을 올렸다(Tiku, 2024). 이를 통해 문화 예술 전 장르에 걸쳐 창작자들이

AI의 발전과 확장에 대해 큰 위기감을 느끼고 있으며, 여러 방식의 연대를 통해 해결 방안을 찾으려 하는 것을 알 수 있다.

이 과정에서 대안으로 언급된 것은 '옵트 인(opt-in)' 방식이다. 창작자가 원할 경우에만 AI가 그 창작자의 작품을 데이터로 학습하고 영상 제작에 활용하는 것이다. 이와 반대되는 개념은 창작자가 거부 의사를 표시하면 기업이 AI가 학습할 데이터에서 해당 창작자의 작품을 제외하는 '옵트 아웃(opt-out)' 방식이다. 영국에선 옵트 아웃 방식을 적용하고 있다. 만약 현재까지의 분위기와 달리 AI 업계가 옵트 인 방식을 적극 수용할 경우, AI가 데이터를 학습하는 것엔 많은 부분 제약이 생길 수 있다. 하지만 문화 예술 창작자들의 저작권과 일자리는 최대한 보호할 수 있게 된다.

AI가 창작자의 대체재가 아닌 효과적인 보완재로 기능할 방안도 고민해야 한다. AI가 기존 기술을 단번에 대체하는 것보다 이전 과정과 결합할 때 더 나은 결과가 나타날 수 있다(Prasad Agrawal, 2023). 물론 영상 생성형 AI가 기획, 연출, 연기, 편집 등 영상 제작의 전 과정에 걸쳐 단숨에 영상을 만들 수 있게 되면서 어느 정도 대체재의 역할을 하게 되는 것은 불가피해 보인다. 하지만 AI

기술 발전을 도모하면서도 고용 문제가 심각하게 악화하는 현상을 막으려면, AI와 창작자가 함께 작업을 하고 공존할 수 있는 분업과 협업 시스템을 정교하게 만들어야 한다. 예를 들어 AI가 단계별로 기초 작업을 수행한다면, 창작자는 전체적인 맥락을 읽고 연결하는 작업을 하며 작업물을 한층 더 발전시키고 완성도를 높이는 역할을 할 수 있다.

이같이 영상 업계엔 AI의 발전으로 '21세기판 러다이트 운동'을 우려할 만큼 큰 불안의 씨앗이 싹트고 있다. 하지만 영상 생성형 AI는 이전엔 보기 힘들었던 크나큰 기회를 가져다줄 것이란 점에서, 기회와 위기 요인이 동시다발적으로 작용하고 있다고 할 수 있다.

AI의 효과를 극대화하면서도 부작용을 최소화할 수 있는 열쇠는 AI를 활용하는 인간이 쥐고 있다. 영상 업계의 다양한 창작자, 국내외 AI 기업과 개발자 등이 함께 지혜를 모아 정교하고 체계적인 시스템을 구축해야 한다. 그렇다면 영상 생성형 AI는 분명 침략자나 위협자가 아닌, 창작자의 좋은 동반자가 될 수 있을 것이다.

참고문헌

권택경(2024.4). 영상 생성 AI '소라'의 등장 미디어 산업의 기회일까

위기일까. ≪신문과 방송≫,641호, 26-28쪽.

Kilkenny, K.(2024.2.22.). Tyler Perry puts $800m studio expansion on hold after seeing OpenAI's Sora: "Jobs are going to be lost". Hollywoodreporter. https://www.hollywoodreporter.com/business/business-news/tyler-perry-ai-alarm-1235833276/

Prasad Agrawal, K.(2023). Towards adoption of generative AI in organizational settings. *Journal of computer information systems,* 64(5), pp.636-651.

Tiku, N.(2024.10.22). More than 10,500 actors, musicians and authors protest tech's AI data grab. Washington Post. https://www.washingtonpost.com/technology/2024/10/22/thom-yorke-letter-ai-copyright/

김희경

인제대학교 미디어커뮤니케이션학과 교수다. 이화여자대학교 법학과 학사, 중앙대학교 예술대학원 예술경영학 석사, 중앙대학교 첨단영상대학원 영상학 박사 학위를 받았다. 홍익대학교 대학원 미술사학과 박사 과정도 밟고 있다. ≪한국경제신문≫ 문화부 기자, 한국예술종합학교 연극원 예술경영 겸임교수, 국제영화비평가연맹 한국본부 사무총장, 한국영화학회 이사로 일했다. 영상물등급위원회 자체등급분류 사후관리위원, 은평문화재단 이사, 국제문화&예술학회 이사, 영화평론가, 만화평론가로 활동하고 있다. 르몽드 제8회 영화평론가상, 한국만화영상진흥원 주최 〈2020 만화·웹툰 평론 공모전〉 대상을 수상했다. ≪한경비즈니스≫, ≪르몽드 디플로마티크≫에 칼럼을 쓰고 있으며 CJ뉴스룸에도 글을 연재했다. 주요 저서로는 『브람스의 밤과 고흐의 별』(2022), 『호퍼의 빛과 바흐의 사막』(2023)이 있으며 공저로는 『문화, on& off 일상』(2021), 『문화, 정상은 없다』(2022), 『영화와 권력』(2023), 『한국 만화 캐릭터 열전』(2023)을 썼다. 논문으로는 "OTT 콘텐츠에 접목된 반(半) 폐쇄적 비선형 서사의 전개 방식과 특성"(2023), "메타 시네마가 가진 서사적 특성, 자기 반영성의 변화와 함의"(2024) 등 영상 콘텐츠와 OTT에 관한 연구가 다수 있다.